151살의 여행

151살의 여행

박율규 지음

서로의 손길에 담긴 말 없는 사랑…
우리는 그렇게 연결되어 있다

바른북스

• 내려놓은 날의 기록들 •

　퇴임하고 나니, 해방된 듯 가슴 가득 자유의 기쁨이 채워졌다. 바삐 울리던 스마트폰은 조용해졌고, 늘 긴장되었던 마음도 서서히 가라앉았다. 오랜만에 찾아온 나만의 시간은 소중하고 달콤한 선물 같았다. 하지만 그 즐거움은 얼마 안 가 사라지고 말았다. 아내와 자식들이 출근한 뒤, 텅 빈 거실에서 TV를 바라보던 나를 외로움과 허전함이 밀물처럼 다가와 흔들어 댔다. 책도 손에 잡히지 않았고, 아파트 경비 아저씨의 "오늘은 출근 안 하셨네요"라는 말이 낯설기만 했다. 낮에 집 밖을 나서는 것조차 생소했다. 허전한 마음을 채울 무언가가 절실했다.

　서예학원에 등록해 보았지만, 붓끝에서 번지는 묵향은 나와는 어딘가 맞지 않았다. 그 무렵, 수필문예지 《에세이스트》 김종완 교수님과 인연을 맺게 되었다. 문학이라는 것도 나에게 너무나 먼 세계의 언어 같았다. 마치 다른 차원의 세계를 탐험하는 기분이었다. '서당 개 삼 년에 풍월을 읊는다'는 마음으로 문학 모임에 참여했지만, 글 쓰기는 여전히 어려웠다. 문우들이 자신

있게 글을 발표하는 모습을 보면 부러웠지만, 정작 내가 쓴 글을 발표할 용기는 나지 않았다. 두 해가 지난 어느 날, 처음 글을 발표하던 날, 가슴이 쿵쾅거리던 그 떨림은 지금도 생생히 기억난다. 그러나 지금도 글을 쓴다는 것은 나에게 어렵고 조심스러운 일이다.

그동안 틈틈이 쓴 글들을 모았다. 모두가 내 삶의 흔적들이다. 사람마다 살아온 방식이 저마다 다르듯, 나의 삶도 독특한 무늬를 그리고 있었다. 돌아보면 아름다웠던 일도, 속상했던 일도 참 많았다. 손자와의 이야기를 쓸 때면 입가에 미소가 번졌고, 부모님에 관한 글을 쓸 때면 마음 깊이 숙연함과 먹먹함이 차올랐다. 글을 쓰기 시작하고 나서부터는 꽃 한 송이, 풀 한 포기, 새 한 마리마저도 저마다의 이야기를 담고 있는 듯 눈에 들어왔다. 글을 쓰기 잘했다는 생각에는 의심의 여지가 없다.

등단하고 나니, 아내는 칠순 선물로 수필집을 발간해 주겠다고 했다. 아직 책을 낼만한 경지는 되지 않았지만, 나이는 어느덧 칠순이 되었다. 부끄럽고 쑥스러워 한참을 망설였지만, 아들과 딸이 다정하게 등을 떠밀어 준 덕분에 마침내 용기를 낼 수 있었다. 특히 아들은 매 단계마다 추진력 있게 도움을 주었다. 망설이는 나에게 힘이 되어준 아내와 아들, 딸에게 감사의 마음을 전한다. 그리고 함께 공부한 문우들에게도 고마움을 전하고 싶다.

박율규

목차

내려놓은 날의 기록들

문익점을 만나다

첫 손주를 만나다 ··· 12
다복이 세상 구경하던 날 ··· 17
백일주 ··· 22
다올이를 만나며 ··· 29
세균성 장염 ··· 31
추억의 썰매 ··· 36
하나는 외롭다 ··· 41
문익점을 만나다 ··· 46
숨바꼭질 ··· 51
아차산 탐방 ··· 55
떠나는 시간, 남겨진 마음 ··· 60
풍돌이의 날갯짓과 손자의 성장 ··· 65
주말이면 더 바쁜 외손자들 ··· 70

151살의 여행

물오징어 한 마리 ··· 78
그날의 편지 ··· 80
민락동 사진 ··· 84
151살의 여행 ··· 87
부전자전 ··· 96
청려장 ··· 100
코스모스씨, 한 줌 ··· 104
등급 판정 ··· 109
아버지 나이는 88살 ··· 112
이별 여행 ··· 114
어머니 뵙던 날 ··· 119
보이지 않는 물고기 ··· 124
이모님과 나들이 ··· 129

나우정 이름 짓기

나우정 이름 짓기 ··· 138
명패 달기 ··· 141
잔디와 함께 ··· 144
들고양이 ··· 148
멈춤의 시간 ··· 152
자연산 보톡스 ··· 156
고라니와의 조우 ··· 160
새와 함께 ··· 164
탁란의 아픔 ··· 168
날지 못하는 반딧불이 ··· 173
2023년 식목하기 ··· 178
그래! 올해도 심어보자 ··· 182

팔봉산행

밤낚시 추억 ··· 190
놓아준 4자 붕어 ··· 195
천렵 ··· 199
지리산 종주 ··· 203
팔봉산행 ··· 209
몽골 여행기 ··· 214
테를지의 일출 ··· 221
별장 나들이 ··· 225
백운대 오르던 날 ··· 229
교동도 여행 ··· 233

G1~G4 사진을 보며

- 척사대회 ··· 240
- 그의 눈빛 ··· 244
- 옷 수선 ··· 251
- 지하철 내 자리 ··· 254
- 어느 노부부의 점심 ··· 257
- 평온이 깨지다 ··· 260
- 토왕성폭포 후유증 ··· 265
- 딸과 퇴근하며 ··· 268
- G1~G4 사진을 보며 ··· 273

뜬금없는 생각

문익점을 만나다

첫 손주를 만나다

 딸과 아들에게 평시 한 말이 있다. 결혼은 건강하며 건전한 생각을 갖고, 서로 사랑하는 사람이 있다면 순서에 상관없이 승낙한다고 했다. 물론 그 책임은 본인 몫이라는 것을 전제로…. 사실 은퇴 전에 한 명이라도 결혼했으면 하는 바람이 있었다. 그러나 그것은 희망에 불과했다. 그러던 어느 날, 아내가 아주 중요하게 의논할 일이 있다며 일찍 귀가하라고 했다. 요지는 아들이 여자 친구가 있다며 인사를 드리겠다는 거였다. 내심 맏이인 딸이 먼저이길 바랐지만, 아내와 나는 그간 했던 말을 지키기로 했다. 그렇게 예비 며느리와의 인사로 시작된 아이들의 결혼은, 2011년에 아들, 2012년에 딸이 결혼하여 부모로서 큰 숙제를 다 한 셈이 되었다.
 아들이 결혼한 지 1년이 훌쩍 넘었는데도 손주 소식이 없었다. 궁금증에 아들과 며느리가 왔을 때 "아기 울음소리를 듣고 싶다"

라고 말했다. 그러나 기대와 달리 별 반응이 없었다. 급기야 "동생 하나 두는 게 더 빠르겠다"고 했더니 어이없어하는 눈치였다. 몇 달 후 아들이 아내에게 "혹시 태몽을 꾸지 않았느냐? 사실 임신 7주 차"라고 말했다. 그 후 왜 그렇게 시간이 느리게만 가는지…, 예비 할아버지의 설렘과 기다림은 날로 커져만 갔다.

임신 24주가 지나자, 초음파 사진이라며 아들이 USB를 TV에 꽂고 설명하기 시작했다. 이게 손이고, 저게 발이라고 하는데, 나는 건성으로 고개만 끄덕였다. 손자인지 손녀인지? 궁금한 마음을 꾹 참았다. 아들은 내 마음을 꿰뚫어 본 듯 대뜸 "아빠, 아들이었으면 좋겠어요, 딸이었으면 좋겠어요?"라고 물었다. 체면치레로 "첫 손주이니 건강하게 태어났으면 한다"라고 답하며 손자였으면 좋겠다는 마음을 대신했다. 아들은 웃으면서 "아기가 자기를 닮았다"며 은연중에 아들임을 알렸다. 아들이란 것을 자랑하고 싶었던 것 같았다. 그리고 태명을 시어아 하겠디고 했다. 태명? 태명을 '겨울이'라고 했다. 손자가 생긴다는 행복감이 점점 커져가고 있을 때, 딸도 기쁜 소식을 전해주었다. 외손주 태명은 '다복이'란다. '겨울이'와 '다복이' 모두 건강하게 태어나길 기원했다.

손주가 태어나기 전, 아기용품 박람회에 아들과 딸, 아내가 다녀오기로 했다. 그런데 출산 전 마지막 산부인과 검진에서 며느리의 혈압에 이상이 발견되었다. 부득이하게 입원해야 해서 아들은 남기로 했다. 아내는 무거운 물건을 사면 옮길 사람이 필요하다며 아들 대신 나와 가자고 했다. 나이 많은 남자가 주책없이 따라가는 것 같아 망설였다. 박람회에서 모자를 깊숙이 눌러쓰고 따라다니며, 곁눈으로 보았더니 나보다 훨씬 나이 많아 보이는 남자들이 꽤 많았다. 그때부터 당당히 모자를 걸치고 다녔다. 가장 좋아 보이는 유모차 두 대를 샀다.

며느리의 혈압은 하루가 지나도 정상으로 돌아오지 않았다. 이대로 가면 산모와 태아에게 좋지 않은 영향을 끼칠 수 있다며 담당 의사는 유도분만을 권했다. 이틀에 걸쳐 유도분만을 시도했으나 진전이 없다는 소식만 전해왔다. 집에서 안절부절못하는 아내를 뒤로하고, 미리 약속된 저녁 모임이 있어 외출했다.

저녁 모임에 참석하는 중에도 온 신경은 휴대전화에 가 있었다. 소식은 없었다. 저녁 7시가 넘어 아내가 "산모의 기력이 소진되어 제왕 절개 수술을 해야 한다"는 연락을 했다. 모임에 더 있을 수 없어 바삐 병원으로 출발했다. 마음이 급해서인지 오늘따라 차가 더 많아 보였다. 병원으로 가는 도중, 출산했다는 소식이 왔다. 2014년 1월 17일 19시 49분, 첫 손주(태명: 겨울이)가 태어났다.

S 병원 1인 병실에 도착하니 아내와 딸도 와 있었다. 다행히 산모와 손자는 건강하다고 했다. 아들이 포대기에 싸인 손자 사진을 보여주는데, 온몸에 전율이 느껴지는 이유는 무엇 때문일까? 딸과 아들을 낳았을 때도 그렇지 않았는데, 눈물까지 핑 도는 이유는 무엇일까? 피는 물보다 진하다는 말이 이런 의미일까 싶었다.

잠시 후 사돈이 오셨다. 사돈과 우리 부부 모두에게 첫 손자였다. 면회 시간에 맞춰 함께 손자를 보았다. 이상하게도 울음소리가 들리지 않아 걱정스럽게 "왜 안 우느냐?"고 물었더니 옆에 있던 딸이 "창이 있어서 들리지 않는다"고 했다. 유리창 건너편 '겨울이' 얼굴은 이미 울음을 터뜨리고 있었고, 우리 얼굴에는 웃음이 번졌다.

다음 날, 아들 먹을 것을 챙겨 아내가 병원에 간다기에 나도 따라나섰다. 마침 간호사가 "아기가 너무 울어, 엄마가 안고 있는 게 좋을 것 같다"라며 손자를 회복실로 데려왔다. 너무 울어서인지 목이 쉬어 있었지만, 쉰 목소리마저 우렁찼다. 엄마 냄새를 아는 것 같았다. 어미 품에 안긴 녀석은 언제 울었냐는 듯 울음을 그쳤다. 집으로 돌아오는 길에 아내도 나처럼 감정이 북받친 듯했다. 그러면서 본인은 며느리보다 4살이나 어린 나이에 첫아이를 낳았다며 아이들이 태어났을 때 이야기를 또 꺼냈다.

그렇다. 아내가 아이들을 출산할 때를 회상해 보면, 항상 아내에게 미안한 마음이 든다. 철부지 남편이었다. 출산할 때 한 번도 곁에 있지 못했다. 첫째인 딸을 낳을 땐, 밤새 진통이 오는데 통행금지 해제가 되기를 기다리다가 병원에 데려다 놓고 며칠간 출장을 다녀오니 아이가 집에 와 있었다. 둘째인 겨울이 아빠가 태어날 때는, 지방에서 고속버스 막차를 타고 올라왔다가 다음 날 첫차로 내려간 기억이 남아 있다.

겨울이가 태어난 지 10여 일 후, 산후조리원에서 병원 진료를 받으러 온다기에 나도 병원엘 갔다. 어린이 전문 병동이라 그런지 출산율이 낮다는 말이 무색할 정도로 갓난아이들이 많았다. 대기실 저 멀리에 앉아 있는 며느리가 한눈에 들어왔다. 성큼성큼 다가가 '겨울이'를 안았다. 갓난아기를 안아보는 것이 거의 30여 년 만인 셈이다. 녀석이 할아버지를 알기라도 하듯 똘똘하게 올려다보는 눈빛에 온 세상이 내 품 안에 있는 것만 같았다. 여기저기서 들리는 아기 울음소리, 모두가 축복받고 태어난 소리였으면 했다. 차례가 되어 아기를 안고 치료실로 들어갔다. 탯줄 자른 곳을 소독하는데, 통증이 있는 듯 얼굴이 빨개지며 울기 시작했다. 괜스레 간호사에게 미움이 갔다. 치료하고 나오니 아들이 "엄마가 아기를 데리고 들어가는 곳에 할아버지가 들어간 것은 아빠가 처음인 것 같다"라고 했다. 머쓱했다. 그러나 입가에 번지는 미소를 아들에게 들키지는 않을까 걱정이 되었다. 진료 후 병동 밖으로 나왔다. 햇살이 내리쬐니 눈을 감은 채 찡그리며 입을 오물오물거렸다. 진정한 작은 행복이다.

그 후 휴대전화로 며느리가 사진을 여러 장 보내왔다. '손자 바보'라는 소릴 듣는 날도 얼마 남지 않은 것 같다. 할아버지는 네가 훌륭한 사람이 될 거라 믿는다.

사랑한다. 겨울아!

다복이 세상 구경하던 날

딸에게서 평소보다 한 옥타브 높은 목소리로 전화가 왔다. "아빠, 다복이(외손주 태명)가 미사일을 달고 있대요" 미사일? 임신한 딸이 정기 검진 결과를 알려온 것이다. 얼마 전 사위 생일날 사돈과 식사 자리에서 나눈 말이 떠올랐다. 사위가 사돈께 손주를 몇 명이나 보고 싶으시냐고 묻자, 바깥사돈은 상견례 때와 같이 망설임 없이 3명이라 했다. 아마 3명 중에는 반드시 손자가 있어야 한다는 말로도 들렸다.

태명을 짓고 나서부터 딸 이름 대신 '다복이 엄마'라고 부르면, '엄마'라는 말이 쑥스러운지 계면쩍은 표정을 짓곤 했다. 심하게 하던 입덧도 이제 가라앉았다니 다행이다. 얼마 전부터 다복이 녀석이 태동을 하면 자다가도 종종 깬다며 건강하게 잘 커가고 있다는 소식을 전해주곤 했다. 녀석이 기립 자세를 취하고 있다는 것을 알고부터, 제자리로 돌아오는 운동을 열심히 한다고 했다. 출산일이 가까워지면서 다행히 정상 위치로 돌아왔단다. 배가 남산만큼 커 보였다. 부잣집 마나님 같은 걸음으로 당당하게 출퇴근하는 모습이 대견스럽기도 하고 한편으론 안쓰럽기도 했다.

아내가 딸에게 전화했더니, 며칠 전 사돈께서 출산 예정일이 얼마 남지 않았다며 저녁을 손수 해주겠다고 하여 시댁에서 먹고 왔다고 했다. 그런데 시댁 거실에 있던 TV가 보이지 않아 여쭈었더니, 갓난아이가 TV를 보는 게 좋지 않다며 치우셨다고 했다. 손자에 대한 깊은 사랑을 엿볼 수 있었다. 딸은 진통이 시작되면 엄마가 병원에 와 있기를 바랐다. 공교롭게도 출산 예정일은 딸 생일(6월 13일)과 같았다.

딸은 출산휴가를 앞두고 처리할 일이 많아 5월 30일 밤 11시까지 야근하고 퇴근한다고 했다. 예정일이 얼마 남지 않아 걱정되었지만, 다음 주부터는 출산휴가에 들어갈 예정이기에 맡은 바 책임을 다하는 딸의 모습이 대견스러웠다. 6월 2일, 아침 5시 40분에 알람 소리가 들렸다. 얼마 지나지 않아 아내 휴대전화가 울렸다. 예상대로 딸의 전화였다. 몸이 평소와 다르다며 다니던 S 병원에 가야겠다고 했다.

전화 소리에 34년 전이 떠올랐다. 주말이면 시골 본가에 나가 일손을 도우러 갔었다. 아내는 예정일을 20여 일 남겨두고 본가에 나갔는데, 그날 아내는 일꾼들 점심을 밭으로 낑낑대며 가져왔다. 만삭의 몸으로 무리해서 그런지 일요일 저녁부터 많이 힘들어했다. 예정일보다 보름 전인 금요일 밤부터 진통이 시작됐다. 통행금지에 발이 묶여 있다가 해제 시간이 되자마자 택시를 타고 병원으로 갔다. 분만 대기실에서 초조하게 기다렸지만, 녀석은 태어나질 않았다. 그날 오후, 주말을 끼고 장기 출장을 떠나는 일이 있어, 출근해야 하는 상황이었다. 당시에는 출산한다고 회사에 결근계를 내기가 어려운 시절이었다. 아내에게 말도 없이 바로 옆에 사시는 사촌 형수님께 부탁드리고 장모님께도 전화로 말씀드린 후 출근했다. 점심시간에 출장 회의를 하는 중에 아내가 힘겹게 딸을 낳았다는 소식을 접했다. 부서장이 출산 소식을 알고는 축하의 말을 건네며 미안해하는 눈치였다. 출장 후 집에 돌아와 보니 팔뚝만 한 아기가 있었다. 다복이 엄마였다. 그런 딸이 이제 아이를 낳는다고 하니 감회가 깊었다.

 6월 2일, 병원 대기실에서 분만을 기다리고 있다는 소식이 왔다. 저녁때 아내와 병원으로 가서 딸, 사위와 함께 저녁 식사를 했다. 옆에서 든든하게 지켜주는 사위가 고마웠다. 6월 3일 화요일, 진전 없이 산통만 있을 뿐 그렇게 시간은 흘렀다. 6월 4일, 밖은 지방선거일로 시끌벅적한데 병원에서 소식이 오기만을 집에서 초조하게 기다리고 있었다. 오후 4시 반, 기다리던 소식이 드디어 왔다. 2, 3시간 후에 태어날 것 같다고. 아내와 함께 병원으로 출발했다. 병원에 도착하니 사돈께서 벌써 와 계셨다. 인사를 나누고 있을 때 분만실에 있던 사위가 보호자 대기실로 나왔다. 조금 있으면 출산할 것 같다는 말만 남기고 황급히 분만실로 들어갔다. 잠시 후, 승자의 여유와 자신감을 엿볼 수 있는 상기된 표정으로 나왔다.

잠시 후, 다복이를 분만실에서 신생아실로 옮긴다고 했다. 병실에 있던 우리들은 그 짧은 순간, 금의환향하는 선수를 환영하듯 복도 양쪽에 서서 기다렸다. 인큐베이터처럼 생긴 틀 속에 들어 있는 작은 생명체였다. 축복 속에 태어난 외손자와의 첫 대면이었다. 찡그리며 세상을 쳐다보는 눈빛이 빛나 보였다. 사위를 닮은 것 같으면서도 딸을 더 닮은듯했다. 생명체에 대한 경건함! 양가 할머니, 할아버지들은 가까이서 보겠다는 마음에 다복이 아빠는 한 걸음 뒤에서 있을 수밖에 없었다.

저녁 식사를 병원 식당에서 사돈과 함께했다. 어제까지 내린 비 덕분에 미세먼지는 멀리 날아갔다. 화창하게 맑은 하늘과 푸른 나무들이 다복이가 태어난 것을 축복해 주는 듯했다. 순산했다니 더 좋았다. 육아 문제, 손자 이름 짓기, 출생 신고 등을 이야기하며 시간이 흘렀다.

산모가 회복실에서 입원실로 들어왔다. 침대에 누워 들어오는 딸의 모습에 코끝이 시큰했다. 드디어 네가 엄마가 되었구나. 장하다! 그 어린것이 이제 어엿한 엄마가 되었다는 생각에, 손을 잡아주며 무언의 이야기를 나누었다. 그간 있었던 일들이 주마등처럼 스쳐 지나갔다. 태어난 지 60여 일도 안 된 어린아이를 데리고 여름휴가를 가서 텐트에서 잠을 자고, 길거리에서 젖병을 물리던 일. 엄마의 직장 생활로 힘들었을 텐데 동생까지 챙기며 초, 중, 고교 12년 개근했던 일. 어떤 목표를 세우면 그것을 향해 끊임없이 다가가려 노력했던 일 등이 새롭게 다가왔다. 축하해 주며 손을 더 꼭 잡았다.

잠시 후 간호사가 병실로 들어와 보호자에게 주의사항을 알려주며 다복이에 대해 설명해 주었다. 2014년 6월 4일 오후 5시 45분 출생, 3.16kg. 근래 태어난 신생아 중 가장 힘이 센 아기라고 하며 젖 먹던 힘까지 써서 순산한 산모였다고 했다.

집으로 오기 전, 다복이를 한 번 더 신생아실 유리창을 사이에 두고 바라보았다. 무엇이 그리 서러운지, 아니면 아직도 엄마 뱃속이 그리운 건지, 목젖이 다 보이도록 우는 모습이 당당하게 보였다. 가슴속에는 흐뭇함이 뭉근하게 차올랐다.

다복아, 건강하게 무럭무럭 자라 훌륭한 사람이 될 거라 믿는다.

사랑한다. 다복아!

백일주

얼마 있으면 첫 손자 겨울이(태명) 백일이다. 백일 날 할아버지로서 뭔가 특별한 것을 준비하고 싶었다. 무엇을 준비할까? 고민 끝에 술을 빚어 백일 날 쓰기로 마음먹었다. 그러나 술을 좋아하지 않는 아내가 반대할 것이 뻔했다. 고민하다가 몰래 혼자서 술을 빚기로 하고 술 빚는 법을 배우려고 인터넷을 검색했다. 유명한 곳에서 누룩과 효소를 사고, 술통도 두 개나 준비했다. 술이 익는 기간과 백일 날짜를 고려해 금요일을 D-day로 정했다.

목요일 오후. D-1

사전 준비를 시작했다. 고두밥을 짓기 위해 아내가 퇴근하기 전, 찹쌀을 깨끗이 씻어 물을 부어 베란다에 감춰두었다.

금요일 아침, D-day

아내가 출근하자마자 찹쌀을 꺼내 고두밥을 만들기 시작했다. 밥에 뜸이 들 무렵, 효소를 따뜻한 물에 풀어 활성화시켰다. 김이 올라오는 고두밥에 잠시 뜸을 더 들였다. 너른 양푼에 고두밥을 넓게 펴놓고 식힌 후, 고두밥을 씹어보니 옛날 할머니가 명절에 만들었던 그 고두밥과 같았다. 고두밥에 계량한 누룩을 넣고 잘 섞었다. 이제 누룩과 섞은 고두밥을 통에 담기만 하면 된다. 술 담글 통을 소독하려고 팔팔 끓인 물을 통에 붓는 순간, 아뿔싸! 통이 쪼그라들고 말았다.

'하나 더 사길 잘했지' 여분의 통에 담았다. 활성화한 효소와 생수를 붓고 공기가 통하도록 뚜껑을 덮었다. 드디어 완성! 이 세상에 태어나 처음 빚어보는 술이다. 그것도 첫 손자 겨울이의 백일날을 위한 술을 만들었다는 게 흐뭇했다. '들키지 않아야 할 텐데' 담요를 뒤집어씌운 뒤, 베란다 의자 밑에 숨겨놓았다. 이제 익히기만 하면 된다.

토요일, D+1

술통을 하루에 한 번씩 저어주어야 했다. 아내 몰래 조심스럽게 담요를 들추고 술통을 열어 저어주며 술이 되어가고 있는지 살폈다. 벌써 한두 방울 거품이 올라오고 있다.

일요일, D+2

보글보글 올라오는 거품이 어제보다 많아졌다. 술이 잘 되어가고 있다는 증거다.

월요일, D+3

퇴근해 들어오던 집사람이 킁킁거렸다.
"어, 이게 무슨 냄새야?"
나는 시치미를 뚝 떼고 딴청을 부렸다.
"냄새? 무슨 냄새? 난 아무 냄새도 안 나는데, 당신이 피곤해서 그런 거 아니야? 얼른 좀 쉬어"
아내는 '그런가' 하는 표정으로 방으로 들어갔다. 담요로 싸고 의자 밑에 숨겨도 냄새는 어쩔 수 없는 모양이다.

'휴! 들킬 뻔했어' 무사히 넘어간 게 다행이다 싶으면서도, 술이 익어가는 게 반가웠다. 거실에 앉아 있어도 온 신경은 그 쪽에 가 있었다. 뽀글뽀글 술 익는 소리도 들리는 듯했다. 담요를 한 겹 더 덮어놓았다.

목요일, D+6

아내가 퇴근해 들어오자마자 코를 막으며 말했다.

"욱, 냄새! 토할 것 같아. 무슨 냄새야?"

아침에 술을 저어주고 베란다와 연결된 방문을 닫지 않았던 모양이다.

"무슨 냄새? 난 괜찮은데"

나는 또 시치미를 떼며 딴청을 부렸다.

"오늘은 더 피곤한가 봐. 얼굴도 피곤해 보여. 옷 갈아입고 이리로 와, 다리 주물러 줄게"

너스레가 너무 과했는지, 이번에는 그냥 넘어갈 것 같지 않았다. 아내는 근심 어린 표정을 짓더니 금세 옷을 갈아입고 나오면서 말했다.

"뭔가 시큼한 냄새가 너무 나, 혹시 어디서 무엇이 썩고 있는 것은 아닌지?"

아내는 먼저 싱크대 쪽을 살피더니 쿵쿵거리며 집 안을 뒤지기 시작했다. 초등학생이 보물찾기하듯, 아니 형사 콜롬보처럼. 서서히 좁혀 오는 포위망, 이제 발각되는 건 시간문제다. 주의를 다른 곳으로 돌리려고 세월호 뉴스 특보 이야기도 꺼내고, TV 볼륨도 올렸다 내렸다 하며 교란작전을 펼쳤지만, 독 안에 든 쥐 신세였다. 아내가 뒤쪽 베란다로 들어가고 있었다. '아, 이제 어떡하지?'

"여보, 이리로 좀 와봐요. 이게 뭐예요?"

변명거리를 준비하기도 전에 아내가 불렀다. 억지로 끌려가듯 베란다로 나갔다. 감싸놓았던 담요가 홀라당 걷혀 있었다. 아침까지만 해도 회심의 미소를 짓게 했던 작품이었는데, 뚜껑이 열린 채 발가벗겨진 모습이 초라하기 짝이 없었다.

"어? 이거…. 응, 그러니까, 겨울이 백일 날 사돈과 점심 식사하기로 했잖아. 그날 쓰려고 담근 백일주야"

태연한 척하려 했지만 나도 모르게 큰 죄를 지은 듯 더듬거렸다.

"뭐요? 당신이 좋아서 담갔으면서 손자 핑계는 왜 대요?"

아내의 날카로운 일격이 날아왔다.

"핑계 아닌데"

결혼하고 이렇게 내 목소리가 기어들어 간 적이 없었다.

"아, 그러면 진작 알려주지 왜 날 속였어요? 그동안 학교에서 얼마나 걱정했는데"

근엄한 척하는 아내도 실은 웃음을 참으려는 듯한 옆모습이 내 눈에 들어왔다.

"이왕 할 거면 정성껏 하세요"

그 덕에 베란다에 숨겨놓았던 술통을 아들이 쓰던 방으로 당당하게 옮겨놓았다.

백일 잔치가 있던 날, D+8

술통에서 맑은 술을 먼저 뜨고, 나머지는 막걸리로 걸렀다. 향이 제법 좋았다. 한 모금 맛을 봤다. 입안에 퍼지는 기운이 좀 독한듯했다. 뒷맛이 텁텁한 게 조금 아쉬웠다. 맑은 술을 갖고 백일 축하 장소인 용산으로 향했다. 식사가 어느 정도 진행될 즈음, 백일주를 꺼내어 식탁 위에 올려놓으며 말했다.

"사돈, 반주로 한잔하시지요. 이 술은 제가 직접 담갔으니 세상에서 오직 하나뿐인 술입니다"

사돈은 의외라는 듯 술병과 나를 번갈아 보며 매우 흡족해하는 눈치였다. 옆에 있던 아들 녀석도 웃으며 말했다.

"혹시 드시고 내일 병원으로 실려 가시는 거 아니에요?"

이윽고 사돈이 입을 뗐다.

"백일주 담그는 할아버지가 이 세상에 또 있을까요?"

사돈과 함께하는 조심스러운 식사 자리. 서먹했던 분위기는 손자가 잘되길 바라는 덕담과 함께 백일주 몇 잔으로 화기애애하게 무르익어 갔다. 자고 있던 손자 녀석도 할아버지, 할머니들의 이야기 속에 끼어들려는 듯, "으~앙" 하며 깨어났다.

　돌아오는 길, 아내는 한결 부드러운 목소리로 말했다.

　"앞으론, 그런 건 혼자 하지 말고 함께 해요"

다올이를 만나며

 첫째 친손자와 첫째 외손자는 같은 해에 태어났다. 두 녀석이 벌써 4살이다. 며느리와 딸의 출산일이 다가올수록 아내와 나는 긴장감 속에 혹시나 하는 생각이 들기도 했었다. 그러나 다복이(첫째 외손자의 태명) 동생 다올이(태명)가 태어날 때는 내가 아이를 낳은 것도 아닌데, 마치 노하우가 생긴 것처럼 다복이 때와 비교하면 여유롭기만 했다. 그저 다올이를 빨리 보고 싶은 생각뿐이었다.
 딸 역시 다복이 때에 비해 출산 준비에 여유가 있었다. 첫째 때와는 달리 산후조리원에 일주일 더 머무르고, 산후 도우미를 쓰지 않기로 했다. 대신 아내가 잠깐씩 가서 도와주기로 했다. 아무래도 시댁에서 손자 2명을 보기에는 힘드실 것 같았다.
 다올이는 2017년 8월 29일 오전 9시 31분, S 병원에서 몸무게 3.4kg, 키 50.3cm로 양가의 축복 속에 세상과 첫 대면 했다. 딸이 자랑스러웠다.

내 눈에는 첫째는 딸을 닮았는데, 다올이는 사위가 서운해할까 싶을 정도로 첫인상이 마치 사위 인감도장 같았다. 다올이가 태어나는 순간, 벌써 딸의 산통은 남의 일 같았다. 이미 내 마음은 홍천 집 잔디밭에서 세 녀석과 뛰노는 상상을 하고 있었다. 입가에 슬그머니 웃음이 번졌다.

이제 손자 셋을 둔 어엿한 부자 할아버지가 되었다. 사돈의 흐뭇해하는 표정 속에 나도 어깨에 힘이 들어갔다.

다올이를 보고 오는 길, 아내와 여러 이야기를 나눴다. 중심 주제는 '아들과 며느리에게 친손자를 하나 더 보고 싶다고 말해볼까'였다. 결론은 아들과 며느리가 알아서 할 일이라는 데 의견을 모았다. 4살 된 손자 두 녀석을 보면 많은 부분에서 같으면서도 다른 점이 있음을 알 수 있다. 관심 분야도 다르고 성격도 다르다. 국민교육헌장의 글귀처럼 '타고난 저마다의 소질을 계발하고'라는 말이 정말 잘 맞는다고 생각했다. 다올이는 두 형들과 어떻게 다를까?

다올아, 세상 구경 축하하고 앞으로 건강하고 씩씩하게 자라야 한다.

세균성 장염

 얼마 전 손자 녀석이 걸음마를 시작했다는데 가보고 싶었다. 그러던 차에 어미가 전화했다며, 아내가 퇴근길에 ○○(손자)네 집에 가자고 했다.
 "며느리에게서 전화가 왔어요. ○○이가 장염에 걸려 어린이용 이온 음료를 먹였으면 하는데, 집 앞 마트에서는 살 수가 없다네요. 아비도 지금 장염으로 앓고 있다고 해요"
 어린이용 이온 음료를 사 들고 아들네 집에 갔다. 손자 녀석이 제 어미 품에서 함박웃음으로 우리를 반겨주었다. 두 손을 벌리자 내게 덥석 안겼다. 아픈 티가 역력했다. 아들도 체온이 38도를 넘나들며 끙끙 앓고 있었다.
 손자 걸음마를 빨리 보고 싶었다. 안고 있던 손자를 내려놓고 조금 떨어진 곳에서 오라고 했다. 곡예단 외줄타기하듯 뒤뚱뒤뚱

몇 발짝 걸음마를 하다 주저앉고, 다시 몇 발짝 걷다가 주저앉기를 반복하며 나에게 다가왔다. 혹시 넘어져 머리라도 다치지 않을까? 마음이 애타서 더는 볼 수 없었다.

어미에게 "혹시 밤에 아비의 체온이 내려가지 않고 심해지면 혼자 낑낑거리지 말고 전화해라" 하고 나왔다. 집으로 오는 길에 아내가 말했다.

"어미가 오죽 힘들었으면 나한테 전화했겠어요. 이제는 어미도 진짜 우리 집 식구가 다 된 것 같아요"

"왜? 언제는 우리 집 식구가 아니었나?"

"며느리가 시어머니에게 전화로 부탁한다는 게 쉬운 일은 아니지요. 난 그게 참 예쁘게 보여요"

밤 10시 넘어 며느리에게서 전화가 왔다. 아비의 체온이 39도에 육박한다고 했다. 39도? 그 순간, 고열 관리를 잘못해 평생 신장 투석하는 친구 부인이 떠올랐다. 다급했다.

"그럼, 응급실로 가야지!"

아내도 함께 따라나섰다.

응급실로 가는 도중 차 뒷좌석에 앉은 아들이 말했다.

"지난주에 처형이 왔다 갔는데 처형도 세균성 장염에 걸렸다며 유행하는 것 같아요"

유행? '유행'이란 말을 듣는 순간 마음이 편치 않았다. 어린아이를 키우는 부모가 스스로 위생 관리를 잘못해서 생긴 것을 유행으로 돌리려는 듯 들렸다. 나는 아들을 향해 한마디 했다.

"뭐, 유행이라고?"

순간 아내가 내 허벅지를 꾹꾹 찔렀다. 아픈 아들을 생각해서 참으라는 신호였다. 그러나 이번 기회에 다음부터라도 위생 관리를 더 잘하라는 뜻으로 이야기를 더했다.

"2009년 신종 플루 유행할 때 정부에서 손 잘 씻으라고 했지. 그 덕에 그 당시 감기 환자가 평소보다 30%나 줄었다고 하더라. 그만큼 손 씻는 게 중요한데 혹시 너희들이 잘못해서 장염에 걸린 것은 아닌지? 잘 생각해 보아라"

"…."

응급실에서 진료받고 검사 결과가 나오기를 기다리고 있었다. 그러던 중, 내가 화장실에 다녀오는데 아들과 아내가 무언가 진지하게 이야기하는 것 같았다. 궁금해져 아내에게 물었다.

"무슨 말을 그렇게 둘이 진지하게 해?"

"…."

아들이 무언가 들킨 듯 난처한 표정으로 나를 쳐다보기만 했다. 그 표정이 나를 더 궁금하게 만들었다. 아들에게 재차 물었다.

"무슨 말인지, 내가 알면 안 돼?"

아내가 조심스럽게 말문을 열었다.

"○○이가 갔던 병원에서, 이 병은 잠복 기간을 감안하면 지난 주 월요일이나 화요일쯤에 외부 사람을 접촉해서 생긴 것 같다고 하더래요. 혹시 당신이 지난번 애들 집에 갔을 때 ○○이를 안아 주고 왔어요?"

"아니. 그땐 아비도 집에 없었잖아. 어미 얼굴만 현관에서 보고, 갖고 간 배와 무만 주고 왔어"

"그런데 애들은 지난주에 다른 사람을 접촉한 것도 없고, 간 곳도 없다고 하네요. 잘 생각해 봐요"

아내는 장염을 옮긴 사람으로 나를 지목하는 눈치였다. 병원에 오면서 장염이 '유행'이라고 말한 걸 참고 있었는데, 이제는 나를 세균성 장염을 옮긴 장본인으로 의심하는 것 같아 언짢았다.

"안 만졌어. 현관에서 얼굴만 보고 왔다니까. 손도 대지 않았다니까. 누구는 유행이라고 하고, 이젠 나를 의심까지 하고 있으니, 말도 안 되는 소리를 하고 있네!"

답답했다. 주머니 속에 있는 것이라면 꺼내어 보여주겠지만 그럴 수도 없는 노릇. 옆에 앉아 있는 아들은 가시방석에 앉은 듯 더 안절부절못하고 있었다. 한참이 지난 새벽 2시경. 체온은 거의 정상으로 돌아왔고 검사 결과도 염려할 수준이 아니라고 했다.

병원에서 집으로 향했다. 도로는 뻥 뚫려 있었지만, 목에 무엇이 걸린 듯 편하지 않았다. 아들이 괜찮다고 하니 다행이다 싶으면서도, '장염을 내가 옮겼다'는 오해를 받는 것 같아 속상하기만 했다. 집에 도착하자마자 일기장을 뒤적였다.

11월 4일(화)

아버지께서 농사지은 것을 사돈께 드리라고 배를 주심.

사돈께 드릴 배를 갖고 아들네 집에 갔더니, ○○ 녀석은 엄마 품에서 잠들어 있었다. 며느리는 머리까지 덮어씌운 포대기 천을 걷어 올려 얼굴을 보여주었다. 선잠에서 깨어난 듯 찡그린 표정을 짓더니 나를 보며 싱긋 웃는 모습이 참 예뻤다. 아름다웠다. 볼을 몇 번 쓰다듬어 주었다. (이하 생략)

의사의 말이 맞다면 내가 세균성 장염을 일으킨 장본인인 셈이다. 나의 잘못으로 돌도 안 된 어린것이 고열과 설사로 얼마나 힘들었을까 생각하니 잠이 오지 않았다. 아들에게도 미안했다.

다음 날 아침, 며느리에게 전화를 걸었다.

"얘야, ○○이 세균성 장염은 외부 접촉에서 생긴 거라며"

눈치 빠른 며느리는 평소보다 더 명랑한 소리로 대답했다.

"아니에요, 아버님. 호호호"

추억의 썰매

5살 된 손자가 집에 왔다. 어린이 TV에서 얼음 썰매 타는 장면이 나오자, 손자가 말했다.

"할아버지, 저도 저런 거 타보고 싶어요"

며느리도 집에서 "할아버지와 함께 썰매 타보고 싶다고 했어요"라고 했다. 겨울이면 떠오르는 썰매에 대한 추억이 있다.

80여 호 되는 고향 마을. 마을 앞 논에 추수가 끝나고 가을비가 오면 때를 놓치지 않고 물을 채운다. 그때부터 유선으로 연결된 라디오 스피커에서 나오는 기상 예보에 귀를 기울이며 빨리 얼음이 얼기만을 기다린다. 얼음이 얼면 이곳은 겨우내 동네 어린이들의 놀이터가 된다. 첫얼음이 얼었을 때 반가운 마음에 겁도 없이 들어갔다가 '우지직' 소리와 함께 얼음이 깨져 혼비백산 뛰어나오기도 하고, 물에 첨벙 빠지기도 했다. 동네 친구들과 논두렁에 불을 지펴 언 손과 발을 녹이며 양말을 말리다가 나일론 양말을 태우기도 했다. 짚단을 태우다 눈썹을 그을리기라도 하면 서로 놀리느라 해 지는 줄도 모르고 놀았다. 땅거미 질 무렵이 되어서야 썰매를 꼬챙이에 끼워 어깨에 둘러메고 집으로 돌아온다. 해마다 손등은 왜 그리 터졌는지?

여느 날처럼 아침에 날이 하나인 외발 썰매를 가지고 모였다. 날씨는 쾌청했다. 다만 전날 해 질 무렵 내린 진눈깨비 같은 눈이 얼어붙어 썰매 타기가 쉽지 않았다. 서릿발처럼 서걱서걱한 얼음판 위에서 썰매 대신 새끼줄로 만든 공을 차며 놀고 있는데, 한 친구가 말했다.

"왕숙천에 큰 썰매장이 있다는데 한번 가보자"

4명이 외발 썰매를 어깨에 걸치고 왕숙천으로 향했다. 왕숙천은 신작로를 따라 30분쯤 걸어야 했다. 여름이면 멱 감으러 다녔던 곳이지만, 겨울에 썰매 타러 가는 것은 처음이다. 순백으로 바뀐 벌판을 지날 때는 칼바람을 맞으며 걸어갔다. 20분쯤 지났을 무렵, 멀리 경춘선 철길 너머로 울긋불긋한 사람들이 보였다. 섶다리를 지나서부터는 흥분된 마음에 뛰다시피 했다.

처음 보는 풍경이었다. 썰매장은 우리 동네 것과는 비교가 되지 않았다. 크기도 훨씬 컸고, 밤에 눈을 치웠는지 얼음판도 유리알 같았다. 울긋불긋한 옷에 털모자와 장갑, 목도리를 하고 대부분이 스케이트를 타고 있었다. 우리는 누구 하나 얼음판에 들어가질 못하고 쭈뼛쭈뼛하고 있는데, 몇몇 아이들이 한쪽 모퉁이에서 두발 썰매를 타고 있었다. 아! 그것은 우리 썰매와 달리 스케이트 날로 만든 두발 썰매였다. 모양과 재질, 성능 등 모든 것이 동네에서 폼 잡고 타던 외발 썰매와는 비교가 되지 않았다. 은빛 스케이트 날로 만든 썰매를 보는 순간, 마음마저 움츠러들었다. 얼음판에 들어갈 엄두도 내지 못하고 구경만 하고 있었다. 그들이 우리를 낯선 눈으로 쳐다보는 것 같아 빨리 돌아오고 싶기만 했다. 이때 누군가가 "우리 그냥 집으로 돌아가자"라고 했다. 그 말에 우리는 아무 말도 없이 되돌아섰다. 섶다리를 지나면서부터는 우리는 뛰다시피 돌아왔다.

  손자 이야기에 그때 기억으로만 남아 있던 그 썰매를 만들어 손자와 함께 타보고 싶었다. 손자와 놀아주는 도중에도 스케이트 날을 어디서 구해야 할지 생각했다.
  다음 날, 없는 게 없다는 동묘시장에 갔다. 잡동사니 파는 곳을 여러 군데 들렀지만, 하나같이 그런 물건은 요즘 구하기 어렵다고 했다. 차라리 새 스케이트를 사서 구두를 떼어내고 만들까? 하지만 오기가 생겨 골목을 몇십 분이나 헤맸고, 결국 겨우 찾았다. 스케이트 날에는 녹이 조금 슬어 있었고, 구두는 뽀얀 먼지를 뒤집어쓴 채 쪼그라들어 있었지만, 내 눈엔 환해 보였다. 가격이 만 원이라는데 더 비싸도 살 생각이었다. 건네받은 스케이트를 이리저리 살피고 있으니, 눈치를 보던 주인이 말했다.

"이래 보여도 이게 전승현 스케이트입니다"

"아, 그래요. 전승현 선수가 탔던 스케이트군요"

주인은 말이 없었다. 유명한 선수가 탔던 거로 생각하니 기분이 더 좋았다. 가벼운 발걸음으로 집에 와서 아내에게 개선장군처럼 말했다.

"여보, 이게 전승현 선수가 탔던 스케이트래"

"뭐라고요? 전승현이 탔던 스케이트?"

"응, 그렇다고 하던데. 전승현이 꽤 유명한 선수였나 봐. 주인이 그러면서 아주 좋은 스케이트라고 하던데"

"…"

"왜?"

"당신 진짜 몰라서 그러는 거예요? 스케이드 상표가 전승현이에요"

"그~래?"

다음 날 홍천으로 향했다. 어렸을 때, 변변한 재료와 공구도 없이 어떻게 썰매를 만들었을까? 못 박다 언 손등을 쳐서 아린 손을 입에 물고 동동거렸던 일, 어설픈 톱질에 다친 일들, 꼬챙이를 만들려고 곧은 나무를 구하러 산에 다녔던 일, 꼬챙이 만들 못대가리는 왜 그리도 잘리지 않았던지?

썰매를 만들면서 손자와 썰매 타는 모습을 상상하기만 해도 즐거웠다. 마음속에 남아 있던 썰매가 제 모습을 드러냈다. 다 만들고 나니 왜, 울컥해지는 것일까? 아내 반응은 어떨까? 전승현 스케이트를 사 왔다고 할 때보다 더 호기 있게 아내를 불렀다. 썰매를 보더니 아내가 말했다.

"당신이 어릴 때 타보고 싶었던 썰매가 '겨우' 이거야?"

'겨우'라는 말이 비수 같았다.

빨리 타보고 싶어 아내와 얼음판으로 갔다. 어린 시절로 돌아간 것만 같았다. 함께 놀던 4명 중 한 명은 오래전에 우리 곁을 떠났다.

시간이 지나도 그때의 아련한 추억은 지울 수가 없다.

하나는 외롭다

 아내가 어린이집에서 손자를 데리고 나오는 표정이 평소와 사뭇 달랐다. 집에 와 아내에게 물었더니, "어린이집 선생님이 ○○이 할머니 축하드린다며, ○○이에게 동생이 생겼다면서요? ○○이가 그러는데 동생 이름이 시봉이래요"라고 하더란다. 그 말에 나도 덩달아 기분이 좋았다. 둘째를 기다리고 있던 차에 태명을 시봉이라 지었나? 장난감을 갖고 노는 손자에게 물었다.
 "시봉이가 누구야?"
 손자는 태연하게 말했다.
 "동생이에요"
 기다리고 기다리던 둘째를 임신했다는 게 맞는 것 같아 기쁜 나머지, 한 옥타브 높게 손자에게 물었다.
 "동생?"

손자는 태연하게 대답했다.

"예"

신혼 초, 아들과 며느리에게 "손주를 최소 2명은 보고 싶다"라고 했었다. 첫 손자가 2살이 될 때까지는 둘째 이야기는 꺼내지 않았다. 3살이 될 즈음 둘째 소식이 있는지 아내에게 알아보라고 했다. 돌아온 답은 "둘째 낳을 것이니 염려 말라"였고, 물을 때마다 답은 같았다. 그렇다고 첫째 손주 기다릴 때처럼 아들에게 어깃장을 놓을 수도 없었다. 기다리는 수밖에. 집안 어른들도 둘째 소식을 묻곤 했다. 그럴 때마다 나는 아들 입장을 대변하곤 했다. 얼마 후 아들은 누나와 3살 터울인 것이 좋지 않았다며, 둘째는 4살 터울로 낳겠다고 말을 바꿨다. 4살 터울이라면 지금쯤 소식이 있는 게 맞다. 결혼 초에 이야기한 것을 잊지 않고 둘째를 임신했다니 고맙기만 했다.

시간이 흘러 딸 시아버지는 친손자 2명을 두었다. 딸의 스마트폰에서 사돈 양손에 손자 한 명씩 잡고 거니는 사진을 보았다. 마치 장기판에 양차와 쌍포를 거느린 난공불락 요새 같아 부러웠다. 며느리는 딸만 둘 있는 집의 둘째다. 며느리 언니도 아들 2명을 낳았다. 손자는 고종사촌 2명, 이종사촌 2명, 합쳐 남동생이 4명이나 있는 셈이다. 이제 시봉이를 낳으면 퍼즐이 완성되는 셈이다.

그간 며느리나 아들에게서 둘째 손주 소식이 오기만을 기다렸었다. ○○이 동생이 생겼다니 성별은 관계없다. 만약 손녀라면 오빠만 5명이 있고, 손자라면 완전 개구쟁이들이 될 것이다. 생각만 해도 흐뭇했다. 그러나 아무리, 아무리 기다려도 둘째 이야기가 없어 아내에게 물어보라 재촉했다. 며느리가 집에 왔을 때 아내에게 눈짓을 주자, 아내가 물었다. 며느리는 깔깔 웃으며 "어린이집 선생님께 저도 그런 말씀을 들었어요. 어린이집에서 동생 이름 짓기 놀이할 때 지었던 이름이래요"

그 이후 둘째를 나이 더 들기 전에 갖는 게 좋겠다는 뜻을 직간접적으로 전해보았으나 대답이 종전과 달리 조금만 더 기다리라고 했다. 이번에는 정공법이 아닌 우회 전법을 쓰기로 했다. 손자가 동생이 있으면 좋겠다는 생각을 자연스레 갖게 하려고 했다. 손자가 집에 오면 의도적으로 "동생이 있으면 좋겠다"는 이야기를 했다. 그러나 손자는 고종사촌과 이종사촌 동생 이름을 거명하며 모두 자기 동생이란다. "그 동생 말고, 너의 집에서 너와 함께 사는 동생이 있으면 좋겠지?"라고 하면, 손자는 "그런 말 하지 마세요"라며 단호하게 거절했다. 엄마가 동생만 귀여워할 거라는 말을 잊지 않았다.

유치원 방학 기간에 동갑내기 고종사촌이 우리 집에서 일주일간 함께 보낼 기회가 있었다. 외손자에게 동생이 있어서 얼마나 좋으냐고 물었더니, 꾀돌이인 큰 외손자는 동생이 있으니 심부름도 시킬 수 있어 좋다고 했다. 그날 거실에서 내가 가운데 눕고 양쪽에 손자 녀석들을 뉘었다. 동생이 있으면 좋다는 이야기를 하면서 친손자와 동갑내기인 외손자에게 물었다.

"동생이 있으니 어때?"

외손자는 친손자가 들으라는 듯 또박또박 말했다.

"나쁠 때도 있어요. 그런데 좋을 때가 훨씬 더 많아요. 심부름도 시킬 수 있어요"

그 말을 듣던 친손자가 기다렸다는 듯이 말했다.

"그래도 난 싫어. 동생 있으면 엄마가 동생만 안아줄 거고, 놀이터에서도 동생을 돌봐줘야 해서 싫어. 요즘 놀이터에 나가면 다른 동생들이 내 이름을 부르는 것도 싫어"

외손자는 시키지도 않았는데 이야기를 더 했다.

"아냐. 동생이 있으면 100% 좋아. 1%도 나쁜 게 없어"

손자는 짜증 난다는 듯이 말했다.

"난 그래도 싫단 말이야"

단호했다. 잠시 침묵이 흐르더니 외손자가 귓속말로 나에게 말했다.

"할아버지, 실은 귀찮을 때도 있어요. 도미노 놀이할 때 와서 훼방을 놓아서 싫어요"

아내가 옆에서 쿡쿡 찔렀다. 더 이야기하지 말라는 신호였다.

아내는 둘째는 애들 몫이니 이제는 제발 내려놓으라고 한다. 사이 나쁜 형제들이 있는 것보다 혼자 있는 게 훨씬 낫다며 자연스럽게 받아들이라 했다. 항상 같은 편이라고 믿었던 아내마저 변심한 것 같아 야속하기만 하다.

내 욕심인가?

문익점을 만나다

　7살 때의 기억이다. 7살을 기억하는 것은 미취학생이라 기차표를 끊지 않아도 되었기 때문이다. 늦가을 외할머니가 우리 집에 오셨다. 왜 그러셨는지는 모르지만, 외할머니는 이불솜을 틀어야겠다며 마루에서 어머니와 이불을 뜯었다. 어머니가 시집올 때 해 온 이불이라며, 6.25 전쟁 피난길에서도 가져갔던 거라고 했다. 솜은 오래 사용한 탓인지 뭉쳐 있고, 목화솜처럼 뽀얗지 않았다. 솜틀집은 집에서 십 리 거리에 있는 사릉역에서 경춘선 기차를 타고 금곡역에 내려 얼마쯤 더 가야 한다고 했다. 어머니는 외할머니와 함께 다녀오라고 했다. 외할머니는 솜뭉치를 보자기에 싸서 멜빵으로 어깨에 메고 집을 나섰다.

　외할머니가 멘 솜뭉치는 땅에 닿을 것만 같았다. 간혹 차량이 지나가면 먼지가 풀풀 날렸다. 그때마다 외할머니는 나를 감싸곤 했다. 바랑 고개에서 쉴 때, 외할머니는 기차 탈 때 주의할 사항을 알려주었다. 몇 번을 쉬며 사릉역에 도착했다.

먼발치서 달리는 기차를 보기만 했지, 처음으로 기차를 탄다는 생각에 설레면서도 무서웠다. 외할머니는 어미 닭이 갓 부화한 병아리 챙기듯이 내 손을 꼭 잡고 계셨다. 기차에 몸을 싣고 감탄하고 있는데, 기차는 덜커덩덜커덩 요란한 소리를 내며 달렸다. 앞에 보이는 풍경은 순식간에 사라지고 새로운 풍경이 연이어 나타났다. 솜틀집은 역에서 멀지 않은 곳에 있었다. "툴~, 툴~, 툴~" 기계 돌아가는 소리, 자욱한 먼지, 뭉쳤던 솜이 푹신하게 변했다. 외할머니, 어머니, 그때 그 솜은 없다.

아내가 어디선가 목화 씨앗을 한 움큼 구해왔다. 물어보니 지난해 내가 조계사에 다녀와서 했던 이야기가 떠올라 구해 왔단다.

지난해 예초기에 발을 다쳐 보름 동안 병원에 있었다. 수술 후 퇴원하여 깁스 상태로 집에 있는데 친구가 '조계사 국화향기 나눔전'을 보러 가자고 했다. 망설이다가 집을 나섰다. 목발을 짚고 걷는 불편함보다 주변 시선이 더 낯설게 느껴졌다. 나를 앞서는 사람들, 뒤처지는 나. 쏜살같이 달리는 차들. 모두 무엇이 그리 바쁜 걸까? 10분이면 도착할 거리를 20여 분이나 걸려 버스정류장에 도착했다. 버스를 기다리는데 길 건너편 가게 유리창에서 '헌솜 틀어줍니다'라는 글귀가 눈에 들어왔다. '헌솜? 아~ 헌솜!' 외할머니와 어머니가 갑자기 떠올라 멍하니 버스 몇 대를 그냥 보내고 말았었다. 그 이야길 듣고 목화씨를 구해왔던 거였다.

　목화씨를 3월 중순 큼직한 종이컵에 배양토를 넣고 하나씩 심어 베란다에 놓았다. 이것은 관심 대상 1호. 20여 일 후, 67개의 컵에서 연둣빛 잎이 보였다. 보살핌 속에 한 뼘 크기로 자랐다. 말은 못 해도 키우면서 정이 든 것 같았다. 홍천 텃밭에 옮겨 심기로 했다. 손자들에게 솜이불을 만들어 주면 좋겠다는 생각을 어렴풋이 했다.
　운반할 때 손상되지 않도록 라면 상자에 몇 포기씩 넣어 홍천으로 옮겼다. 거름을 뿌리고, 밭을 갈고, 두둑을 만들고 적당한 간격으로 심었다. 이때부터 목화는 특급 관리 대상이 되었다. 서울에서 며칠에 한 번씩 내려가면 맨 먼저 들르는 곳이 목화 심은 곳이다. 가뭄 때 물 주는 것도 우선이고, 거름 주는 것도 우선이었다. 모든 것에 앞서 돌보았다. 병충해 없이 자란 목화는 가녀린 연분홍색, 흰색 꽃을 피웠다. 바람결에 나풀거리던 꽃이 수정되어 팥알만 한 씨방이 꽃받침 안에 생겼다. 씨방은 서서히 커지며 다래 모양의 목화송이 형태를 갖췄다.
　어린 시절이 떠올랐다. 이맘때 할머니에게 혼나는 일은 딱 두 가지를 들켰을 때다. 하나는 덜 자란 다래를 따서 단맛을 빨아 먹고 버렸을 때와 덜 핀 도라지꽃을 터뜨렸을 때다. 할머니는 용케도 알아차리셨고 그때마다 불호령이 떨어졌었다. 할머니의 그 꾸중이 그립기만 하다.

어느덧 다래는 한두 송이씩 입을 벌리기 시작했고 솜사탕 같은 흰 솜이 여기저기서 부풀어 올랐다. 우듬지를 잘라내고 된서리가 내릴 때까지 입 벌린 다래에서 솜을 뽑아 그때그때 비닐봉지에 모았다. 된서리를 맞은 목화는 생명을 다했지만 덜 여문 다래는 목화 대에 달린 채로 겨울을 보냈다. 수확한 솜은 모두 6kg이 조금 넘었다. 손자들에게 의미 있는 것을 만들어 주고 싶었다.

씨앗을 빼야 했다. 솜틀집 여러 곳에 문의해 보았지만, 수도권에서는 목화씨 빼는 곳을 찾을 수 없었다. 이구동성으로 "손으로 빼세요" "TV 보면서 사모님과 빼면 치매 예방도 되고 좋습니다" 같은 대답뿐이었다. 그러던 중 안동에 있는 매장을 찾았고, 비용이 600g 한 근에 만 원이란다. 택배비까지 포함한 가격이면 대형 매장에서 이불을 사고도 남을 가격이었다.

어떻게 하지? 의미 있는 작업이니만큼 솜틀집 사장님들이 알려준 대로 틈날 때마다 TV를 보며 아내와 함께 씨앗을 빼기로 했다. 큰 봉지에서 한 움큼 덜어내 잡티를 일일이 떼어내고 씨앗을 빼냈다. 100g 정도 되는 한 움큼 작업하는 데 빠른 손놀림으로 하여도 2시간가량 걸렸다. 날이 갈수록 지루함은 커졌고, 다음 날 아침이면 엄지와 검지가 뻐근하고 손톱 밑이 아팠다. 안동에 보내지 않은 게 후회스럽고 따분하기도 했다.

어느 날 아들네 식구들이 왔다. 손자는 해맑은 웃음을 지으며 솜이 구름 같다며 자기도 해보겠다고 했다. 그러나 아들은 "오늘도 가내 수공업 하시느냐"며 하지 말라고 한다. 손자처럼 함께 해보겠다고 하면 좋을 텐데, 아들 마음을 알면서도 내심 서운한 생각이 들었다. 어머니가 시집올 때 해온 이불은 어떻게 씨앗을 뺐을까? 전깃불도 없는 등잔불 밑에서 씨아를 돌리는 모습을 생각해 보니 지금의 고생은 사치스러운 투정 같았다. 씨앗 빼는 일은 석 달이나 걸렸다.

손자 3명 이불을 만들려니 솜이 부족했다. 새 솜을 사서 채울까? 아내가 의견을 냈다. 본인이 결혼할 때 해 온 이불을 뜯어 혼합해서 만들겠다고 했다. 추억과 시간을 거슬러, 할아버지와 할머니의 사랑이 합쳐진 솜으로 손자 3명의 이불을 만들었다.

평온하게 잠자는 손자들 모습을 상상만 해도 흐뭇했다. 앞으로 내면에 튼튼함을 겸비하며 솜처럼 보드랍고 따스한 인성을 지닌 사람이 되기를 소망한다.

숨바꼭질

친손자는 우리 집에 자주 온다. 나와 노는 것을 재미있어하고, 나도 그렇다. 요즘은 코로나로 놀이방에 가지 못해 집에서 여러 가지 놀이를 한다. 바구니에 넣고 그네처럼 태우기도 하고, 목마를 태워주기도 하고, 업어주기도 하고, 담요에 올려놓고 끌어주기도 하고, 보물찾기 놀이도 하고, 책을 읽어주기도 한다. 그중에서도 숨바꼭질 놀이를 제일 많이 한다. 처음에는 숨바꼭질이 서툴렀지만, 요즘은 집에 오면 빠지지 않고 하는 놀이가 되었다.

처음 술래잡기 놀이를 할 때였다. 내가 술래일 때는 눈을 감고 50까지 세었다. 그러곤 "다 숨었니?" 하고 물으면 손자가 "할아버지, 숨었어요"라고 답을 하곤 했다. 녀석이 술래일 때는 "다 숨었어요?"라고 물었는데, 내가 대답하지 않으면 눈물을 보이곤 했었다.

손자가 잘 숨는 장소가 있다. 바로 장롱 안이다. 내가 술래일 때

살금살금 안방으로 들어가 장롱 앞에 서면 달그락거리는 소리가 난다. 장롱 앞에서 헛기침을 하면 쥐 죽은 듯이 고요해진다. 두 쪽으로 나뉜 장롱문 한쪽을 두드리면서 "여기에 숨은 것 같은데" 하고, 잠시 기다렸다가 두드렸던 문을 아주 천천히 연다. 장롱 안에 걸려 있는 옷이 살짝 흔들린다. 흔들리는 옷 두세 개를 옆으로 밀치는 흉내를 내며 "없네, 어디에 숨었지?"라며 문을 닫고 밖으로 나가는 인기척을 낸다. 장롱 안에서 움직이는 소리가 난다. 이번에는 반대쪽 문을 두드리며 "어디 숨었나?" 하면서 두드린 문을 천천히 연다. 이번에도 종전처럼 찾는 시늉을 한다. "어디 숨었지? 분명히 여기에 숨은 것 같은데" 하며, 못 찾은 듯이 장롱문을 닫는다. 쥐 죽은 듯이 고요하다. 이때 녀석에게 하고 싶은 말(커가면서 필요한 덕담)을 한다. 녀석이 들었을 것이다. 잠시 후, 양쪽 문을 두드리고 양쪽 문을 열며 옷 밑으로 손을 넣어 휘저으면 독 안에 든 쥐다. 다리를 간질이면 웃음을 참지 못하고 킥킥거리며 나온다.

숨는 장소와 방법이 나날이 발전했다. 책상 밑이나 베란다, 커튼 뒤에도 숨고, 다른 소품을 이용하기도 하며 점점 좁은 공간을 찾아 숨었다. 정말 찾지 못한 적도 있었다. 이동식 침대 밑에 숨었을 때는 어쩔 수 없이 "못 찾겠다! 꾀꼬리, 꾀꼬리"라고 했다.

내가 했던 숨바꼭질 수법을 녀석도 터득했다. 바로 '순간이동' 방법이다. 침대 위에 큰 베개를 놓고 이불을 덮어둔 뒤, 다른 곳에 숨어 있다가 손자가 침대 위를 확인하고 다른 곳으로 가면 그곳으로 가서 숨는 방법이다. 이 방법으로 톡톡히 재미를 보았는데, 이제는 녀석도 이 방법을 쓰고 있다.

  오늘은 외손자 2명이 하룻밤 자기로 하고 놀러 왔다. 큰 외손자는 친손자와 동갑내기로 유치원에 다니고, 둘째는 4살로 어린이집에 다닌다. 고종사촌이 온다는 말에 친손자도 우리 집에 왔다. 코로나로 놀이방에 갈 수 없어 집에서 놀기로 했다.

  아내는 큰상 위에 손자들이 좋아하는 돼지 갈비찜을 똑같은 식기에 각각 주었다. 어른들은 식탁에서 아이들 이야기에 온 신경이 가 있다. 녀석들 밥이 입으로 들어가는지 코로 들어가는지도 모르겠다. 듣는 것만으로도 즐거웠다.

  사내 녀석 3명이 뒤엉켜 노는 모습은 정말 가관이다. 거실에서 피구를 한다며 베개를 던지기도 하고, 유리창에 과녁을 만들어 활을 쏘기도 하고, 블록을 조립하며 놀기도 하고, 칼싸움을 벌이기도 했다(아랫집 어른을 엘리베이터에서 만나면 죄송하다고 말씀을 드리면, 그분은 어린아이가 뛰어노는 것은 건강한 증거라며 염려하지 말고 맘껏 뛰어놀라고 하시는 넉넉한 분이시다. 항상 고맙다). 이번에는 손자 녀석이 술래잡기를 하자고 했다. 나보고 술래를 하란다. 둘째 외손자는 술래잡기가 낯설어 형들 뒤꽁무니만 쫓아다녔다.

  이번엔 내가 술래였다. 아이들이 어떻게 하는지 보려고 침대에 누워 찾지 않고 한참 그대로 있었다. 이때 "왜 찾지 않느냐"는 손자 소리가 들렸다. 가끔은 둘째 외손자가 술래인 나를 형들이 숨은 곳으로 이끌었다. 둘째 외손자는 깔깔대며 즐겁게 웃는다.

이렇게 손자들과의 놀이 시간은 흐른다.

아차산 탐방

 며칠 후면 초등학교 3학년이 되는 손자가 갑자기 아차산에 가자고 했다. 그것도 정상까지 꼭 가야 한다면서. 아마 역사책에서 무엇을 본 것 같았다. 흔쾌히 승낙했다. 출발지는 어디로 할지, 점심은 어떻게 할지, 산행 코스는, 시간 사용계획은? 손자에게 좋은 추억을 만들어 주고 싶어 아내와 함께 사전 답사까지 마쳤다. 역사 공부도 할 겸 출발지를 구리시에 있는 '고구려대장간마을'로 정했다.
 손자와 함께 이른 점심을 먹고 '고구려대장간마을' 주차장으로 향했다. 이곳은 야외 전시관과 실내 전시실로 되어 있다. 야외 전시관은 아차산 4보루에서 발견된 대장간 터를 바탕으로, 고구려 벽화와 상상력을 결합해 꾸며놓은 공간이다. 직경 7m의 물레방아가 특히 인상적이다. 이곳은 〈태왕사신기〉와 〈안시성〉 영화 촬영지로도 사용했었다. 손자는 광개토대왕릉비 앞에 있는 '담덕' 조형물을 보자 반가운 형이라도 만난 듯 칼을 잡아보기도 하고, 얼굴을 쓰다듬어 보기도 했다.

　실내 전시실에는 아차산 보루에서 발견된 유물이 전시되어 있다. 전시실에는 우리 3명뿐. 여기서 귀면 문 와당 그리기, 무용총 수렵도와 광개토대왕릉비 퍼즐 맞추기, 4보루 목각 쌓기 같은 체험을 했다. 이때 해설사가 다가와 우리에게 설명을 해주겠다고 했다. 해설사와 손자가 주고받는 이야기를 듣는 것이 흥미로웠다. 손자 눈높이에 맞추어 이야기해 주는 해설사가 고마웠다. 손자가 아차산 정상과 4보루까지 가겠다고 하자, 해설사는 대단하다며 꼭 다녀오라며 칭찬을 아끼지 않았다.

　할머니는 주차장에서 기다리기로 하고 손자와 둘이 출발했다. 과연 4보루까지 다녀올 수 있을까? 반신반의하면서도 손자와 산행하는 것을 누구에게든 보여주고 싶었다. 한편으로는 땅이 녹아 미끄러울까, 신경이 많이 쓰였다. 먼저 정상 가는 길목 옆에 있는 야트막한 전망대에 올라 주차장에 있는 할머니를 목청껏 불렀다. 녀석은 할머니에게 무언가를 성취했다는 것을 보여주려는 듯 의기양양했다. 손짓으로 화답하는 할머니. 혹시나 해서 정상에 갈 거냐고 재차 물으니, 손자는 빨리 올라가자고 재촉했다.

　큰 바위 얼굴상이 있는 쪽으로 방향을 잡았다. 손자는 계곡에 남아 있는 얼음을 깨기도 하고, 다람쥐처럼 재미있다며 뛰어다녔다. 얼마 지나지 않아 힘들다며 쉬다 가잔다. 깨지기 쉬운 보물처럼 보살피고 달래며 올라가야 했다. 아들딸이 어렸을 때 설악산 울산바위에 올라 컵라면을 사 먹었던 기억이 떠올랐다. 오늘 손자와 산에 오르니 감회가 깊었다.

손자가 앞장서고 나는 뒤를 따랐다. 손자의 걸음은 매우 가벼워 보였다. 오르막길에서는 낙엽이 쌓여 미끄러웠다. 얼마 지나지 않아 예상했던 일이 발생했다. 손자는 힘들다며 내려가자고 했다. 돌아가야 할지, 아니면 끝까지 올라가야 할지 망설였다. 손자에게 정상까지 가는 추억을 만들어 주고 싶었고, 성취감을 느끼게 해주고 싶었다. 잠시 쉬면서 할머니가 준비해 준 간식을 먹으며 분위기를 반전시켜야 했다.

옆에 숫자로 표시된 푯말이 있어 숫자의 의미를 설명해 주며, 만약 이곳에서 사고가 나면 어떻게 할지 물었다. 손자는 나름대로 진지하게 대답했다. 다음 표지판에 어떤 숫자가 있는지 확인해 보자고 제안했다. 그러면서 산에 오를 때는 천천히 꾸준히 올라야 하며, 올라온 만큼 남은 거리는 줄어드는 것이라고 원론적인 말로 달랬다. 남은 거리가 올라온 거리보다 훨씬 짧다며 조금 가면 정상이라고 구슬렸다. 백색 거짓말에 힘을 얻는 것일까? 아비에게 전화하는 소리를 들으니, 이제는 내려갈 것 같지 않았다.

출발하려는데 손자가 난데없이 지팡이를 만들어 달라고 했다. 마침 손에 꼭 맞는 나뭇가지가 있어 만들어 주었더니, "아이고 허리야, 아이고 허리야"를 연발하며 앞장선다. 장난기 가득한 목소리다. 급경사 오르막길이 나타났다. 멀리 나뭇가지 사이로 대성암이 보였다.

대성암에서 잠시 쉬며 암자 뒤편에 있는 '쌀이 나온다는 전설의 바위' 앞에 섰다. 부처님께 예를 올렸다. 대성암을 지나면서 가파른 오르막 바윗길이 나타났다. 밧줄을 잡고 "유격, 유격" 하며 오르자, 손자는 유격이라 하지 말고 여기는 아차산이니 "아차, 아차" 하라고 한다. 앞에서 손자가 "아차" 하면 내가 그 소리를 받아 "아차" 하며 장단을 맞췄다. 어느새 멀리 한강이 한눈에 보였다. 바위에 걸터앉아 물 한 모금 마시며 잠시 쉬었다. 손자도 이렇게 확 트인 경관을 본 것은 처음인 것 같았다. 어떤 희열을 맛보는 듯했다.

이제부터는 능선을 따라가는 길이다. 얼마 안 가서 아차산 정상(해발 295.7m)에 다다랐다. 손자는 정상에 푯말만 있는 밋밋한 곳이라 실망하는 것 같았다. 아차산 정상에서 4보루까지 가는 내리막길에서 모래를 잘못 밟아 미끄러져 울기도 했다. 구슬려서 목표지점인 4보루에 도착했다. 도착하자마자 전화기를 꺼내 어미에게 통통 튀는 목소리로 목표지점까지 왔다고 자랑하는 손자였다.

하산할 때는 출발지로 복귀하는 것보다 아차산생태공원 쪽으로 내려가는 게 더 안전할 것 같았다. 할머니를 그곳에서 만나기로 하고 돌아섰다. 내려오는 길에 손자는 다리가 아프다며, 힘든 목소리로 얼마나 남았냐고 물었다. 얼마 남지 않았다고 하였더니, "할아버지는 거짓말만 한다"며 투덜거렸다. 업어주겠다고 하니 창피한지 싫다고 하다가도, 사람이 없는 곳에서는 잠시 업혔다. 내가 메고 있던 가방은 손자가 메고, 나는 손자가 갖고 있던 지팡이를 손자 엉덩이 밑에 대고 업었다. 버겁고 내리막길에서는 위험했다. 잠시 후 손자는 할아버지가 힘든 것을 아는지, 내려달라고 했다. 내려오면서 돌탑 있는 곳에, 돌을 올려놓고는 그곳을 향하여 합장한 자세로 삼배하고 지팡이로 세 번 땅을 두드렸다. 무슨 의식을 하는 것처럼 매우 진지하고 경건해 보였다. 어떤 내용이었는지 물어보니 "우리 가족 건강하게 해주세요"라고 빌었다고 한다.

해맞이 공원에서 잠시 쉬며 망원경으로 시내 경관을 보았다. 해가 넘어가는 시각이라 전경이 선명하지는 않았다. 장난기가 발동했는지 손자는 멀리 옥상에서 어떤 사람이 코딱지를 파고 있다며 내게 보란다. 그러곤 산에 대해 질문을 쏟아냈다. "어떤 산에 가보았는지? 팔봉산, 도봉산, 한라산에 가보았는지? 아차산과 비교해서 얼마나 더 힘든지?" 등을 물었다.

생태공원에 다다를 즈음 길은 평평했다. 지팡이를 버리라고 하니, 안 된다며 앞으로 팔봉산이나 도봉산에 갈 때 지팡이를 가져가겠다고 했다. 업히라 했더니 할아버지도 힘들 거라며 걷겠단다.

오늘도 기억하고 싶은 날 중 하나다. 바로 2023년 2월 18일이다. 그날 함께했던 지팡이는 현관에 애지중지 간직하고 있다.

떠나는 시간, 남겨진 마음

아들 내외는 서울에서 그리 멀지 않은 곳에서 일한다. 주말에 서울로 올라왔다가 아들은 일요일 밤에, 며느리는 주중에 손자를 등교시키고 내려간다. 이번에는 며느리도 일요일 밤에 아들과 함께 내려가야만 했다. 손자 돌봄은 우리 몫이다. 이런 일상은 손자가 초등학교에 입학한 이후, 3학년인 지금까지 계속되고 있다. 이제는 익숙한 생활이다.

일요일 저녁을 아들네 식구와 오랜만에 우리 집에서 함께하기로 했다. 손자는 요즘 KBS 대하드라마 〈고려 거란 전쟁〉을 시청하고 있어서인지, 집에 오자마자 고려 성인 흥화진을 레고로 조립하던 것을 또 조립하기 시작했다. 성곽을 쌓고, 성문을 만들고, 그 위에 지휘부를 세우며 열심히 만들었다. 식탁에는 오랜만에 풍성한 음식이 차려졌지만, 손자는 밥을 먹으면서도 계속 흥화진 조립하던 곳을 힐끔힐끔 쳐다보았다.

　사실 아들이 어렸을 때 갖고 싶어 했던 레고를 제대로 사주지 못했다. 그에 대한 보상 심리일까? 손자에게 사준 레고를 돈으로 환산한다면 중고차 몇 대는 살 돈이다. 손자는 저녁을 먹고 곧바로 흥화진 조립에 매달렸다. 신기하게도 그 많은 조각 중에서 규격에 맞는 부품과 색상을 잘 찾아냈고, 손놀림도 빠르게 움직였다. 성곽 외부에 병사들을 배치하더니, 얼마 지나지 않아 완성했다며 소파에 앉아 있는 나에게 자랑했다.

　성곽은 7단을 쌓았고 색상은 알록달록하며 지휘부 인근에는 투구를 쓴 장수가 왼손에는 깃발을, 오른손에는 칼을 들고 있었다. 병사들도 투구를 썼으나 장수와는 색상이 다르고, 방패와 칼을 들고 있다. 의기양양한 목소리로 "고려 검차는 우리나라산 옥스포드, 덴마크산 레고, 중국산 리펑가에서 필요한 것을 골라 만들었고, 중앙에 투구를 쓰고 있는 사람이 고려군 '양규' 장군이에요. 성 밖에 있는 병사들은 거란군이고, 중앙에 있는 거란군 장수가 '소배압'이에요"라고 설명했다. 손자는 오늘 KBS 대하드라마에서 어떤 전투가 나올 거라며 〈고려 거란 전쟁〉에 관한 이야기를 계속 이어갔다. 아들이 손자에게 〈고려 거란 전쟁〉 관련 역사책을 사준 모양이다. 칭찬을 해주니 손자는 더욱 신이 나서 오늘은 아빠 앞에서도 자랑하고 싶어 하는 눈치였다. 다음에는 강감찬 장군이 싸운 귀주대첩을 만들겠다고 했다. 아들은 듣기만 할 뿐 말이 없었다. 아빠의 마음을 조금이라도 돌리고 싶었을까? 손자는 성곽 앞에 있는 병사들을 모두 흩뜨리고, 곧바로 귀주대첩을 만들겠다고 했다.

아들은 버스전용차로가 끝나는 시각에 집에서 출발한다. 떠날 시간이 점점 다가왔다. 지난날 내가 지방에 근무할 때 떠나야 할 시각이 되면 마음 한구석에 찬 바람이 불었었다. 고속버스가 떠날 때, 아내와 딸, 아들의 표정은 지금도 가슴에 남아 있다. 지금 아비의 마음도 당시 내 마음과 같으리라.

아들, 며느리는 떠날 짐을 주섬주섬 챙기며 일어섰다. 아비가 앞장서고, 며느리는 손자에게 할머니 말씀 잘 들으라는 당부와 함께 나섰다. 손자도 조립하던 레고를 멈추고 할머니 손을 잡고 따라나섰다. 나도 함께 나섰다. 아들이 엘리베이터 버튼을 눌렀다. 모두 숨죽인 채 엘리베이터가 올라오기만을 기다리고 있었다. 엘리베이터 표시판의 화살표가 위로 올라오며 숫자가 2, 3, 4로 바뀌어 갔다. 그때 갑자기 손자가 울음을 터트리며 "엄마~" 하고 어미 품에 안겼다. 조용하던 분위기는 일순간 깨졌다. 처음 있는 일이다. 당황스러웠다. 어미가 달래려 했지만, 손자는 울음을 멈추지 않고, 어미 품에 안긴 코알라 같았다. 아들은 엉거주춤한 자세로 손자를 바라보고 있을 뿐이었다. 엘리베이터 표시판의 숫자가 올라갈수록 울음소리도 커지는 것 같았다. "8층입니다. 문이 열립니다"라는 소리와 함께 엘리베이터 문이 열렸다.

누구도 엘리베이터에 선뜻 타지 못했다. 아내가 며느리에게 얼른 타라고 했다. 난감해하는 며느리. 마지못해 무거운 발걸음으로 엘리베이터에 탔다. 이어 아들도 탔다. 여전히 손자는 울고 있었다. 엘리베이터 문이 빨리 닫혔으면 좋으련만, 아들은 열림 버튼을 누른 채 손자를 바라보고 있었다. 나는 아들을 보고, 아들은 손자를 바라보고 있었다. 손자에게 향하는 아들의 눈빛은 무엇을 말하려고 하는 것일까? 왜, 계속 열림 버튼을 누르고 있을까? 이심전심이다. 아들은 엘리베이터에서 나와 손자를 한 번 안아주고 다시 엘리베이터에 탔다. 순간 문이 닫혔다. 엘리베이터 화살표가 아래로 내려갔다. 손자는 울음을 그쳤다. 엘리베이터가 다 내려간 것을 확인한 후에야 집으로 들어왔다.

집에 들어와 손자에게 왜 울었는지 묻지 않았다. 손자는 손톱보다 작은 레고 조각을 다시 맞추며 언제 울었느냐는 듯 집중하고 있었다. 그러나 아들의 눈빛은 그대로 내 가슴에 남아 있었다. 지금쯤 고속도로 어딘가를 달리고 있을 아들과 며느리의 심정은 어떨까?

어린 시절이 떠올랐다. 초등학교 6학년쯤, 가을이었던 것 같다. 서울로 전학해 온 나를 보러 아버지가 큰아버지 댁에 오셨다. 맛있는 것을 사주셨던 기억은 어렴풋하지만, 무엇을 먹었는지는 떠오르지 않는다. 저녁 무렵, 아버지는 시골로 내려가시려고 큰아버지 댁을 나섰다. 나도 그 길을 따라나섰지만, 마냥 쫓아갈 수 없었다. 아버지는 따라오지 말라며 나를 한 번 안아주고는 잰걸음으로 골목길을 빠져나가셨다. 가시면서 두서너 번 뒤돌아보셨다. 그때 아버지의 눈빛이 어땠는지는 기억나지 않지만, 지금은 그 마음을 알 수 있을 것 같다. 오늘의 이 일을 훗날 손자가 기억할까?

아내가 혼잣말처럼 말했다. "내려가는 애들 마음도 우리와 같을 것 같다"고.

풍돌이의 날갯짓과 손자의 성장

 초등학교 3학년 손자가 곤충 박물관으로 체험학습을 다녀왔다. 박물관에서 본 것을 1학년 담임 선생님이 학생에게 설명하듯 내게 이야기했다. 손자는 무척 신이 나 있었다. 잠시 후 가방에서 흙이 담긴 1L쯤 되는 원형 반투명 플라스틱 통을 꺼냈다. 뚜껑에는 공기가 통하도록 구멍이 뚫려 있었고 손자의 이름이 쓰여 있었다. 무엇인지 물었더니 안에 장수풍뎅이 애벌레가 들어 있다며 애벌레 키우는 법을 설명했다. 물은 일주일에 한 번 스프레이로 너무 많지도 적지도 않게 주어야 하며, 햇빛을 받으면 스트레스를 받으니 침대 밑 어두운 곳에 두어야 한다고 했다. 과연 잘할 수 있을까? 지켜보기로 했다. 예상과 달리 손자는 신줏단지 모시듯 매주 금요일 저녁마다 잊지 않고 물을 주었다. 그렇게 49일이 흘러간 아침이었다.

손자가 학교 갈 시각, 방에서 "할머니!" 하는 외마디 소리가 들렸다. 아내와 함께 손자의 방으로 달려가 보니, 손자는 상기된 표정으로 플라스틱 통을 들고 서있었다. 통 안에서 엄지손가락만 한 검은 물체가 움실움실 움직이고 있었다. 자세히 보니 반질반질 윤기가 나는 콧등에 뿔이 달린 장수풍뎅이 수컷이었다. 까마득한 기억 속에 있는 장수풍뎅이. 손자는 매일 아침 소리를 들어봤는데, 오늘 아침에는 바스락거리는 소리가 들려 통을 꺼내 뚜껑을 열어 보았단다. 개선장군 같은 손자의 표정. 39년 전 지방에서 근무할 때 아들 태어났다는 소식을 들었을 때, 내 표정도 저랬을 것 같았다. 휴대폰으로 사진을 찍고는 가방을 걸쳤는지 들었는지도 모르게 학교로 달음질쳐 갔다. 비좁은 공간에서 장수풍뎅이는 버둥거리고 있었다.

학교에서 돌아와 학교에서 있었던 이야길 했다. 담임 선생님께 칭찬을 들었고, 쉬는 시간에 친구들이 사진을 보려고 몰려든 것을 자랑했다. 안타깝게도 다른 친구들의 애벌레는 성충이 되기 전에 죽었단다. 아침에 못다 본 장수풍뎅이를 보며 이름을 지어주고 싶어 했다. 수컷 장수풍뎅이의 이름을 몇 가지 고민하다가 '풍돌이'로 지었다.

풍돌이 먹이와 집을 새로 마련하기로 했다. 풍뎅이용 젤리를 사고, 엉성하지만 투명 플라스틱으로 널찍한 집을 만들었다. 장수풍뎅이가 좋아하는 참나무 놀이목과 옆에 먹이통을 놓고, 공간에는 해바라기씨와 부엽토를 듬뿍 넣었다. 답답했던 내 마음까지 후련했다. 관찰하기도 좋았다. 손자는 풍돌이 밥 먹는 모습을 입으로 흉내 내기도 하고, 거실 바닥에 엎드려 기어다니며 풍돌이 팔과 다리 흉내를 내기도 했다.

주말에 손자는 우리 집에서 자기네 집으로 간다. 집에 갈 때는 자동차 뒷좌석에서 풍돌이의 집을 보물단지 갖고 가듯이 무릎에 올려놓고 보듬고 간다. 운전을 평소보다 조심스럽게 해도 정지할 때나 가속할 때, 커브나 과속방지턱을 넘을 때마다 뒷좌석에서 손자의 잔소리가 이어졌다. 풍돌이가 스트레스를 받아 수명이 단축될 것 같단다.

일요일 아침, 손자가 다급한 목소리로 전화했다. 풍돌이가 집에서 탈출해서 잡으려 하면 날아다녀서 잡지 못하고 있다고 했다. 손자의 모습이 그려졌다. 얼마 후, 잡았다는 연락이 왔다. 오후에 아들이 새로 만들어 준 풍돌이 집을 손자가 사신으로 보내왔다. 태어난 집이 초가삼간이었다면 지금은 대궐과 같은 집이다. 내가 만든 것보다 공간도 넓고, 풍돌이가 도망갈 틈도 없어 보였다.

장수풍뎅이의 수명은 고작 2~3개월이라 한다. 풍돌이도 아무리 오래 산다 해도 3개월이면 딴 세상으로 갈 운명이다. 한정된 공간에서 갇혀 사는 것보다는 자연의 품에서 마음껏 날개를 펴고 날 수 있으면 좋겠다는 생각에, 적당할 때 자연으로 돌려보냈으면 했다.

새로운 주가 시작되면서 손자가 풍돌이를 안고 우리 집에 왔다. 풍돌이도 적응했는지, 밤이면 안에서 푸드덕푸드덕 날갯짓을 했다. 건강 상태도 좋아 보였고 먹성도 아주 좋았다. 손자는 학교에서 돌아오면 풍돌이가 먹이를 얼마나 먹었는지, 다른 벌레가 생기지는 않았는지, 바닥이 축축한지를 세세히 관찰했다. 손자의 눈썰미는 평소와 달리 매우 세밀했고 날카로웠다. 손자에게 풍돌이를 자연으로 살려 보내자고 조심스레 제안해 보았더니, 아빠도 그런 말을 했다며 완강히 거부했다. 거부의 강도는 예상보다도 강했다.

보름쯤 지난 어느 날, 다시 에둘러 살려 보내주자는 이야기를 꺼냈다. "풍돌이는 친구도, 짝도 없어 외로워 보이고, 넓은 곳에서 살면 좋겠지?" 하고 물었더니, 손자는 의외로 망설임 없이 살려 보내겠다고 했다. 한 가지 조건이 있다며, 아빠와 함께 살려주고 장소는 자기네 집 근처 특정 장소여야 한다고 했다. 그곳에는 다른 곤충들도 많아 친구들을 만날 수 있기 때문이란다.

헤어질 날이 다가오며 손자의 행동도 변해갔다. 밥도 평소보다 듬뿍 주었고, 잠자리에 들 때나 학교에 가기 전에도 풍돌이를 바라보는 시간이 점점 길어졌다. 손자가 자기네 집으로 돌아가는 날, 풍돌이도 함께 떠났다. 얼마 후 풍돌이를 보내는 장면이 담긴 사진이 왔다. 풍돌이 옆에는 먹이도 많이 있었다. 곧 손자가 내게 문자를 보내왔다.

느낌: 풍돌이를 어제 보내기로 했을 때 마음이 좀 우울했다. 방금 보내주었다. 풍돌이가 제발 죽지 않고, 잘 먹고 잘 살면 좋겠다고 생각했다. 약 두 달 동안 애벌레를 키워 이제 정이 들었는지, 떠나보내니 너무 아쉬웠다.

성충이 된 지 24일 만에 풍돌이를 보내주었다. 어른이 되어가는 과정에서 손자는 무엇을 배우고 느꼈을까? 내면에 성장이 있기를 바랄 뿐이다. 마침 아들 결혼기념일에 보내주었으니, 어쩌면 자연에서 암컷을 만났을지도 모른다는 생각도 들었다. 오늘은 장맛비가 잠시 소강상태다.

주말이면 더 바쁜 외손자들

"아빠, 지금 빨리 유튜브 보세요"

딸의 다급한 전화다. 외손자가 유소년 축구대회에 출전한 것은 알고 있었지만, 유튜브로 생중계까지 하는 '제12회 고성 금강 통일배 전국 유소년 클럽 축구대회'인지는 몰랐다. 어? 알록달록한 정식 유니폼을 입고 뛰는 모습이 꼭 국가대표 경기 같았다. 초등학교 4학년 같지 않았다. 그중 주장 완장을 왼쪽 팔에 차고 뛰는 손자가 단연 내 눈에 들어왔다. 나는 공이 있는 곳보다 손자가 어느 곳에 있는지가 더 궁금했다. 몸싸움이나 공 다루는 솜씨가 성인과 비교해도 손색없어 보였다. 볼 트래핑이나 크로스 패스나 헛다리 기술로 상대방을 속이기도 하는 모습이 대견스러웠다. 하지만 처음에는 밀고 당기고 하는 것 같더니, 시간이 지나면서 팽팽하던 경기는 밀리기 시작했다. 상대 팀이 체력이나 주력, 볼 다루는 기술 등이 한 단계 위에 있었다. 응원했건만 아쉬운 소리만 나올 뿐, 소용없었다. 상대방 노랑머리 선수가 휘젓고 돌진하면 그대로 뚫렸다. 훌륭한 선수로 보였다. 손자 팀은 큰 점수 차로 첫 경기를 졌다.

첫 외손자가 2021년 초등학교 1학년 때, 동네 축구 클럽(FC ○○○)에 가입했다며 축구공을 갖고 노는 영상이 딸에게서 왔다. 큰 공을 갖고 노는 게 버거워 보였으나 재미있다며 하교 후 클럽에 가서 팀을 이뤄 공을 차고 온단다. 얼마 후 한 단계 높은 반에 편성되었다. 유치원에 다니는 둘째 외손자도 형 따라다니더니 녀석도 클럽에 가입했다. 형제가 나란히 클럽에 가입하고, 축구공 갖고 노는 영상이 심심치 않게 왔다. 둘째 녀석은 공을 차는 것인지 굴리고 가는 것인지 모르지만 귀엽기만 했다. 큰 녀석은 손흥민을, 작은 녀석은 이강인을 좋아한다며 그 유니폼을 입고 있었다. 정말 손흥민이나 이강인 같은 선수가 되는 것은 아닌가 하는 행복한 고민도 해보았다. 혹시 손자 덕에 전용 비행기 타고 해외 나들이 하는 게 아니냐는 농담도 하곤 했다.

초등학교 1학년, 4학년인 외손자는 주말이면 더 바쁘다. 덩달아 사위와 딸도 주말에 제대로 쉬지 못한다. 딸이 틈틈이 보내주는 사진과 동영상을 보면 그렇다. 다양한 체험을 시켜주려는 부모의 마음을 엿볼 수 있었다. 텃밭 가꾸기, 딸기 체험, 역사 체험, 체험학습, 운동 관람, 놀이방, 수영강습, 중장거리 여행, 무슨 경시대회 참여 등. 요즘은 축구에 푹 빠져 있다. 주말이면 축구 시합에 참여하느라 가족이 여행 아닌 여행을 다닌다. 그렇다고 학교 수업을 등한시하는 것은 아니다. 학교에서 회장을 하고 공부도 잘하고 있으니 편중된 것은 아닌 것 같았다.

 후배 아들이 축구로 유명한 학교를 나온 엘리트 축구 선수였다. 앞날이 유망했던 선수였는데 잦은 부상으로 꽃을 피우지 못했다. 간접적이나마 그 세계가 얼마나 어렵고 힘든지를 알기에, 혹시 그 분야로 키울 것인지 넌지시 물었더니 절대 그런 것은 아니란다. 취미가 있어서 즐기는 것이란 말에 다행이다 싶었다.

 유소년 축구 시합을 하는 곳이 많다는 것을 딸이 보낸 사진과 동영상을 보고 알았다. 그간 외부 시합에 출전한 영상만도 20개가 넘었다. 입상할 경우, 주장으로 컵을 번쩍 드는 사진을 볼 때면 대견스러웠다. 대부분 수도권 인근에서 하는 경기였다. 현수막에는 모두 '전국 유소년 축구대회'라는 글귀가 빠지지 않았다. 처음 입상 소식은 2021년 11월 전국스포츠연맹배 유소년 축구 페스티벌에서 3위로 입상한 거였다. 그 이후 2022년 한국문화스포츠연맹에서 주관하는 대회에서는 준우승했다. 여덟 개 팀이 참가한 대회에서 결승전에서 연장전까지 가는 혈전 끝에 승부차기에서 준우승했다는 소식이다. 그 이후 우승 소식과 사진이 《중부일보》에 나오기도 했다. 입상을 여러 번 했다.

보내준 영상에는 매 경기 현수막 뒤에 학부모들로 보이는 어른들이 자리하고 있었고, 그 속엔 사위와 딸도 보였다. 직접 응원 소리는 들리지 않았지만, 뛰는 선수들보다 더 긴장된 마음으로 지켜보는 어른들의 모습을 보는듯했다. 주말에 대회 참가로 바쁘지만, 수학 문제 하나 더 푸는 것보다 운동을 통해 건강한 체력과 인간관계를 형성하며 성장하는 일이 더 바람직하다고 생각했다. 주말마다 학원 문턱을 드나드는 것보다 더 좋은 경험일 것이다. 그리고 이처럼 유소년 대회에서 손흥민이나 이강인 같은 선수를 발굴한다면 국가적으로도 큰 자산이 될 것이다.

둘째 외손자가 처음 출전한 대회에서 3등을 했다는 소식이 왔다. 축구 신동이라도 되는 것 같았다. 트로피를 들고 해맑게 웃고 있는 모습이 귀여웠다. 머리통보다 큰 공을 차는 것도 쉬운 일은 아니지만, 그렇게 노력하는 모습이 참 대견스러웠다. 알고 보니 참가 팀이 네 팀이고 3등이 두 팀이었단다. 한참 웃었지만, 시간이 지나면서 손자도 점점 볼을 다루는 솜씨가 좋아지고 있었다.

강원도 고성은 집에서 무려 220km나 떨어져 있다. 지난해 제11회 때도 이 대회에 참석했지만, 결과는 올해와 마찬가지로 신통치 않았다. 다만, 지난해에는 어른들이 우승에 대한 기대가 앞서 대회 진행에 다소 아쉬움이 있었다. 올해도 명성에 걸맞게 국내 80개 팀과 해외 3개국에서 10개 팀이 참가한 명실상부한 대회였다. 고성군에서는 군청 차원에서 대회를 적극적으로 유치해 지원하고 있었다. 사진에는 경기 외에 11명의 아이가 식탁에 둘러앉아 식사하는 장면과 숙소에서 일렬로 누워 자는 모습이 보였다. 꼭 군 시절 내무반 침상에 누워 있는 것 같았다. 경기에서는 무참히 패했지만, 여전히 밝고 씩씩한 모습이었다.

다음 날 두 번째 경기 동영상이 왔다. '후회 없이 즐기자, FC ○○○ 파이팅'이란 현수막 아래서 치러지는 경기에서 "슛! 아이고~" 하는 탄식 섞인 소리가 자주 들렸다. 선수들과 학부모가 하나가 되어 있었다. 손자는 주장답게 프리킥을 힘차게 찼고, 볼이 정확히 우리 편 발 앞에 떨어졌다. 멋지게 골로 연결됐다. 주장 체면을 세운 것 같았다. 그러나 올해도 예선 탈락으로 짐을 싸야 했다.

고성에서 진부령을 넘어 서울로 오고 있을 것이다. 이번 게임을 통하여 손자는 무슨 생각을, 무엇을 얻고 느꼈을까? 비록 첫 게임은 무참히 졌지만, 그 속에서 우물 안 개구리였던 것을 느꼈을 것이다. 그게 이번 게임에 임하며 얻은 소득이었을 것 같다. 아마 지금쯤 두 녀석의 재잘거리는 소리도 피곤함에 묻혀 있을 것 같았다. 앞으로 바람이 있다면 좋은 환경 속에서 지금처럼 다양한 체험을 쌓아가며 따스한 사람으로 성장했으면 한다. 그리고 딸과 사위에게 응원의 박수를 보낸다.

151살의 여행

물오징어 한 마리

물오징어를 보면, 그날이 생각난다.

어머니는 막내며느리다. 할머니 연세 마흔여섯에 늦둥이로 아버지를 낳으셨다. 아버지는 3형제 중 막내다. 큰아버지는 서울에서 살고 계셨고, 둘째 큰아버지는 일찍 돌아가셨다. 할아버지는 아버지 결혼하시기 전에 돌아가셨고, 할머니는 우리와 함께 시골에서 지내고 계셨다.

초등학교 2~3학년쯤 되던 늦가을 어느 날. 어머니는 그날따라 우리 형제들을 일찍 자라고 하셨다.
초저녁에 잠을 자다가 이야기 소리에 깼다. 할머니, 어머니와 아버지가 이야기하는 소리였다. 그날 해산물을 팔러 온 사람에게 어머니가 물오징어를 사신 모양이다.

"어머니, 물오징어 데쳤으니 드세요"

할머니께서 주저하시며 말씀하셨다.

"애들도 주거라. 아비와 어멈도 같이 먹자"

어머니와 아버지는 극구 사양하며 할머니께 드시라고 권하셨다. 세 분이 서로 먼저 먹으라며 권하던 그때, 어머니가 하신 말씀이 아직도 생생하게 기억에 남는다.

"애들은 앞으로 먹을 기회가 얼마든지 있으니, 염려 말고 어머니나 드세요"

그로부터 할머니는 5년쯤 더 사시다가 편안히 우리 곁을 떠나셨다.

물오징어를 보면, 그날이 떠오른다.

그날의 편지

얼마 전, 가족 모임에서 장모님이 두툼한 봉투를 주셨다. 예상하지 못했던 상황이라 엉겁결에 받을 수밖에 없었다. 집에 와서 열어보니, 봉투 안에 제법 많은 돈과 편지가 있었다. 돈을 본 순간, 아들과 딸들이 매달 드리는 용돈을 절약해 모으신 돈이라는 생각에 코끝이 찡했다. 편지는 붉은 한지에 가는 붓으로 한글과 한자가 섞여 쓰여 있었다. 편지는 '還甲을 眞心으로 祝賀합니다!'로 시작되었고, 내용은 매우 함축적이고 절제된 용어로 가득했다. 그중에 '설익은 果實처럼 여리고 곱던 풋총각이 어느새 어른이 되었다. 삶의 과정에서 어려움을 극복한 자랑스러운 사위였다'라고도 쓰셨다. 읽고 또 읽어보았다.

그 편지는 환갑을 맞이하는 나를 위해 쓰신 거였다. 장모님의 보살핌을 당연하게만 여겼던 지난날이 죄송해 한 번에 다 읽지 못했다. 장모님 42살 때, 고등학교 교감 선생님이셨던 장인어른이 갑자기 돌아가셨다. 평온했던 일상이 하루아침에 깨졌고, 무거운 삶의 짐을 혼자 지고 나아가야만 했다. 당시 아내는 맏이로 대학교에 막 입학한 상태였고, 밑으로 동생이 셋이 있었으니, 장모님의 삶은 참으로 고단한 삶이었을 것이다.

장모님! 얼마 전 주신 편지를 보며, 그동안 맏사위로 얼마나 데면데면했는지 죄송한 마음이 듭니다. 결혼한 지 34년이 지났습니다. 결혼을 앞두고 요즘처럼 정식 인사도 제대로 못 드렸지요. 군 제대를 앞둔 상태에서 직장도 정해지지 않고 결혼을 결심했을 때, 반대하실 줄 알았습니다. 그런데도 "네가(아내) 선택한 사람이라면 믿겠다"는 말씀과 함께 흔쾌히 허락해 주셨다면서요? 부대 앞에 마련한 신혼 살림집을 보셨을 때 실망이 크셨을 겁니다. 누우면 발끝과 머리가 벽에 닿고, 골목길 발소리까지 자박자박 들리던 허름한 집이었으니까요.

살아오며 기억에 남는 일들이 참 많습니다. 직접적인 보살핌도 컸지만, 보이지 않는 보살핌이 더욱 든든하고 컸지요. 장모님께서 큰애가 2살 때부터 둘째가 초등학교 2학년이 될 때까지 10년 넘게 돌봐주신 것이, 제 삶에 있어서 든든한 버팀목이었습니다. 아주 작은 일에서부터 큰일까지, 모든 것을 챙겨주신 덕분에 아내와 저는 근심 없이 사회생활에 매진 할 수 있었고 오늘에 이르렀습니다. 고맙고, 감사할 뿐입니다.

손주를 돌봐주시는 동안, 모든 일에 앞서 손주가 최우선이었음을 잘 알고 있습니다. 둘째가 믹서기 칼날에 발을 다쳤을 때 손자를 업고 병원으로 달려가셨던 기억도 있습니다. 많은 경험을 쌓게 해주시려고 틈틈이 서울 곳곳을 데리고 다니며 안목을 넓혀주신 것, 특히 처남이 판사석에 앉아 있는 곳에 손주를 데려가 큰 꿈을 심어주신 일도 생생합니다. 특히 주변을 돌볼 줄 아는 인성을 갖춘 사람으로 키워주신 데 감사합니다. 몇 해 전 두 녀석이 짝을 만나 결혼하던 날, 장모님의 활짝 웃고 계신 모습이 얼마나 좋아 보였던지요. 지난해엔 두 아이가 각각 아비, 어미가 되면서 외증손자도 2명 생겼습니다.

지난 34년 동안 사위에게 아쉬운 점이나 부족한 점이 왜, 없었겠어요? 그러나 제 앞에서는 듣기 거북한 말씀을 단 한 번도 하지 않으셨습니다. 옆에서 묵묵히 지켜만 보셨습니다. 때론 아내와 저 사이에 이견이 있을 때도 항상 제 편이었습니다. 그런 것들이 저를 성장시키는 자양분이 되었습니다.

자식을 위한 일이라면 본인의 괴로움을 마다하지 않고 무엇이든지 하셨지요. 그 힘은 어디에서 나오는 것이었던가요? 특히 연세 들어가시며 점점 힘드셨을 터인데도 수시로 절에 가서 부처님께 예를 올리시는 것도 자식을 위한 것이었겠지요. 부모로서 자식을 위한 일이 끝이 없다지만, 그날 모임에서 뵈었듯이 모두 잘 지내고 있습니다. 이제부터라도 자식 걱정 다 내려놓으시고, 여생을 편안하고 즐겁게 보내셨으면 합니다.

장모님, 저에게 쓰신 글로, 글을 마무리하렵니다.

'그저 ○○○ 장한 우리 사위, 永遠히 多福하고 健康하고 壽命長壽하기만을 늘 祝願합니다!'

민락동 사진

앨범을 정리하다 빛바랜 사진에 눈길이 멈췄다. 사진 찍은 그날이 떠올랐다. 그날은 아내 겨울 방학 때, 어머니, 고재, 퇴계원 이모님을 모시고 큰이모님 댁에서 만난 날이다. 어머니는 2남 5녀의 유복한 가정에서 태어났다. 7남매 중 오빠와 남동생은 모두 돌아가셨고, 막내 이모마저 세상을 떠나 4자매만 남았다. 어머니는 그중 둘째다.

그날 아내와 나는 어머니와 고재, 퇴계원 이모님을 모시고 의정부시 민락골(당시는 전형적인 시골이었음)에 사시는 큰이모님 댁으로 갔다. 큰이모님은 동생들 온다고 장작불로 방을 따뜻하게 덥혀놓고, 손수 도토리묵과 두부를 만들어 놓고 기다리고 계셨다. 안방 화롯불에 고구마도 굽고 있었다. 시장할 거라며 이른 점심을 차려

주셨다. 땅에서 꺼낸 김장 김치와 동치미를 곁들인 점심상은 조촐했지만, 큰이모님의 정성이 깃든 상이다. 특히 도토리묵과 두부에 손이 많이 갔다. 도토리묵은 야들야들했고 두부는 투박했지만, 그간 먹어본 것과는 사뭇 달리 고소하기만 했다.

네 분은 화롯불 주변에 둘러앉아 이야기 삼매경에 빠지셨다. 옆에 조카와 조카며느리가 있는 것도 잊은 채, 특히 가을에 밤 줍던 이야기할 때는 꼭 어린아이 같았다. 밤송이에 찔려 울었던 일이며, 외할머니가 머리 손질해 줄 때 누구는 어땠고 누구는 어땠던 이야기를 하며 웃음을 터뜨리곤 하셨다. 그러다 작은외삼촌이 일본군 징용으로 끌려가 생사를 알지 못한다고 이야기할 땐, 숙연해지기도 하였다. 나이 들어서도 자매끼리 오순도순 우애 있게 지내는 모습이 이런 것이구나 싶었다. 아내는 틈틈이 차를 타드리며 이야기를 듣고, 나는 밖으로 나와 바람도 쏘일 겸 툇마루에 앉아 겨울 햇볕을 쬐었다.

이모님들의 모습을 남기고 싶었다. 사진으로 남기고 싶은 마음에 큰이모님께 말씀드렸다.

"이모님, 사진 찍어드릴까요?"

큰이모님은 잠시 망설이시더니 말했다.

"웬 사진? 그런데 이런 옷을 입고 어떻게 사진을 찍어?"

그러더니 옷장 이곳저곳을 뒤져 치마저고리 네 벌을 꺼내셨다. 치마저고리는 꼬깃꼬깃하고 빛바랜 것, 계절에 맞지 않는 것들이었다. 망설이고 있는 동생을 향하여 큰이모는 맏이답게 카리스마 넘치는 말투로 말씀하셨다.

"얘들아, 얼른 옷 갈아입자"

큰이모님은 옷을 갈아입고 계셨다. 망설이는 동생들을 향하여 곧이어 말했다.

"꾸물거리지 말고 빨리 갈아입어"

이모님들은 큰이모님 말에 마지못해 따라 입으면서도 "언니, 이 추운 겨울에 여름 치마저고리를 어떻게 입어?"라며 주저하고 있었다. 동생 말에도 큰이모님은 단호히 말씀하셨다.

"얘들은, 뭘 엄살을 부려. 여름 치마면 어때? 사진에 여름옷인지 겨울옷인지 누가 알아? 얼른 나가자"

동생들은 머뭇거리다 등 떠밀리듯 툇마루로 나왔다.

"얘야, 사진 잘 찍어라"

사진 속 모습은 어린 시절로 돌아간 듯한 미소를 짓고 있었다.

그 이후 큰이모님과 어머니가 돌아가신 후에도 두 이모님을 뵙고 있다.

151살의 여행

지난해 가을걷이를 하다 잠시 쉬는 중에 아버지가 내게 물으셨다.
"일본은 왜 독도를 자기네 땅이라고 하는 거냐?"

동네 여러 사람이 독도를 다녀왔는데, 너도 가본 적이 있는지를 물으셨다. 몇 해 전에 다녀왔다며, 다시 하던 일을 계속했다. 서울로 돌아오는 길에 아버지와 나눴던 이야기를 아내에게 했더니 참 눈치가 없다며, 아버님이 독도에 가보고 싶어서 하시는 말씀이라고 했다. 아내가 아버지 마음을 나보다 더 잘 읽은 것 같았고, 아내도 가보면 좋겠다고 했다.

해가 지나 3월 말, 나는 아버지와 아내, 남동생과 함께 5월 9일에 울릉도로 2박 3일 여행을 다녀오기로 했다. 그런데 여행 출발며칠 전, 남동생은 회사 일로, 아내는 딸 시할머니께서 돌아가셔서 외손자를 돌보러 가야 하는 바람에 갈 수 없게 되었다. 나 혼자 아버지를 모시고 여행을 가야 할지, 말아야 할지 고민했다.

여행 전날 아버지는 우리 집에 오셨다. 서울에 오시면 맞지 않는 옷을 입은 듯 갑갑해하시곤 했는데, 28개월 된 증손자의 재롱 앞에서는 달랐다. 아내는 잘 다녀오라며 세세한 것까지 챙겼다.

5월 9일, 오전 3시 30분 강릉항으로 가는 셔틀버스를 시청역 2번 출구 옆에서 탔다. 버스는 실내등을 모두 끄고 적막 속에 막힘없이 달려 이른 아침 강릉항에 도착했다. 주변을 둘러보니 아버지와 아들이 온 여행객은 우리뿐이었다.

아침 식사 후, 아버지는 선착장까지 그리 멀지 않은 거리를 무언가에 쫓기듯 재촉하며 앞장서셨다. 시스타 3호는 예정대로 8시 울릉도를 향해 출항했다. 망망대해는 깊은 잠에 빠진 듯 고요하기만 했다. 이따금 보이는 부표가 반가웠다.

11시 10분 울릉도 저동항에 도착했다. 날씨는 화창했다. 가이드의 안내를 받아 점심을 먹고, 오후 12시 30분에 독도를 향하여 출항했다. 푸르고 푸른 망망대해에 보이는 것은 작은 물비늘뿐이었다. 2시간이 채 지나지 않아 저 멀리 우뚝 솟은 섬, 독도가 모습을 드러냈다. 늠름하지만 외로워 보였다. 독도 수비대원들이 반겨주었다. 주어진 시간은 고작 30분. 사진 몇 장 찍은 것 같은데 벌써 탑승을 알리는 뱃고동 소리가 들렸다. 아버지께 물었다.

"이곳에 와보니 기분이 어떠세요?"

"그간 백령도, 제주도 다 가보고 독도까지 와봤으니 이젠 됐다"

'이젠 됐다'라는 말이 생소하게 느껴졌지만, 좋아하신다는 뜻이라는 걸 알기에 혼자라도 모시고 오길 잘했다 싶었다.

저녁은 싱싱한 횟감에 반주를 곁들여 먹었다. 식사 후 '비치온 호텔 605호'에 투숙했다. 아버지와 한방에서 자는 것은 어머니가 돌아가신 후 처음이다. 그러니 12년 만인 셈이다. 잠자리에서 아버지는 어머니 이야기를 꺼내셨다. 처음 듣는 이야기도 많았다. "네 엄마가 살아 있었으면 얼마나 좋겠냐?" 하시며, 죽음을 앞둔 어머니가 아버지께 "내가 죽으면 당신은 어떻게 할 거냐?" 했다는 말씀에 이르자 아버지 목소리는 떨렸다.

다음 날 아침, 가이드 겸 운전기사는 예림원과 울릉도에서 제일 넓다는 나리분지, 희귀 멸종 위기 식물인 섬백리향 전시장으로 안내했다. 점심을 먹고 2시 10분에 다시 여행길에 올랐다. 맑았던 날씨는 갑자기 안개가 끼기 시작하더니 얼마 안 가 몇십 미터 앞도 보이지 않았다. 운전기사가 오르막과 내리막, 급커브 길을 곡예 하듯이 지날 때는 황천 가는 길이 아닌지 불안하기만 했다. 내수전 전망대 주차장에 도착해, 전망대에 다녀오라며 30분을 주었다. 우리는 차에 남았다. 다녀온 일행은 안개로 발끝조차 보이지 않았다고 했다. 안 가길 잘했다 싶었다. 봉래폭포에서는 1시간을 주었다. 왕복 1.6km, 다른 사람에게 폐를 끼칠 것 같아 차에서 기다릴까 했으나, 아버지는 언제 다시 오겠냐며 앞장서셨다.

삼나무가 우거진 오르막길을 중간쯤 가다 되돌아오려 했지만,

아버지는 고집스레 걸으셨다. 얼마 안 가 숨소리가 거칠어지셨다. 돌아가자고 했으나 아랑곳하지 않으셨다. 폭포 소리가 들려올 무렵, 앞섰던 일행은 되돌아오고 있었다. 폭포에 도착했다. 안개가 비로 변해 길은 미끄러웠다. 얼마쯤 내려오다 힘에 부친다며 쉬어 가자고 하셨다. 여행 중 처음으로 내게 의지하시는 순간이었다. 주어진 시간 내에 간신히 돌아왔다.

숙소에 돌아와 아버지는 6.25 전쟁 이야기를 또 꺼내셨다. 수없이 들었던 이야기지만, 무공훈장을 받으신 고성군 351고지와 양구군 가칠봉 전투 이야기는 늘 처절했다. 전쟁 중 첫 휴가 나왔다 귀대할 때, 어머니는 동네 어귀까지만 배웅하기로 했다고 하였다. 그러나 더 따라오지 말라 해도 어머니는 한 발 한 발 따라오셨고, 결국 아버지는 어머니에게 총부리를 겨누어 어머니를 돌려보냈다고 했다. 그렇지 않으면 헤어질 수 없었을 거라며, 그때 그 심정을 아무리 이야기해도 모를 거라며 오늘도 어머니에 대한 그리움을 말하셨다.

여행 마지막 날 새벽 4시에 눈을 떴다. TV에서 동해안에 풍랑주의보가 발령되었다는 소식이 나왔다. 유리창을 흔드는 요란한 소리가 들리고 TV에서는 집채만 한 파도가 방파제를 때리는 화면이 나왔다. 혹시 발이 묶이는 것은 아닌지 걱정이 되었는데, 걱정은 곧 현실이 되었다.

아침 식사 중에 가이드가 앞으로의 계획을 이야기했다. 내용은 풍랑주의보가 해제되어야 출항할 수 있다며, 숙박비와 묵어야 할 숙소 열쇠를 교환해 주었다. 그리고 오후에 내수전 전망대에 가는 차를 배정했으니, 그때까지 자유 시간을 보내라고 했다. 새로운 숙소는 아주 작은 방이었지만 비바람을 피할 수 있다는 게 다행이다 싶었다. 잠시 후, 비바람이 잠잠해지더니, 점심때는 마치 언제 그랬냐는 듯 파란 하늘에 따스한 봄기운이 가득했다. 풍랑주의보도 해제되었으나 들어온 배가 없어 나갈 수 없었다.

점심 식사 후 어제 오르지 못했던 내수전 전망대 가는 차를 탔다. 운전기사는 계단이 200개나 된다며 어제와 달리 1시간 30분을 주었다. 내수전 전망대 주차장에서 본 날씨는 숙소에서 본 날씨보다 훨씬 화창했다. 이렇게 날씨가 변할 수 있는 것일까 싶을 정도로 좋았다. 아버지께 물었다.

"다녀올 수 있으시겠어요?"

"올라가면 올라가는 만큼 줄어드는 건데, 못 올라갈 일이 없다"고 하시며 앞장서셨다. 얼마큼 오르다 힘에 겨우신지 방호 울타리에 기대고 쉬었다. 내려오는 사람이나 올라가는 사람들은 아버지께 한 마디씩 건넸다.

"어르신, 대단하십니다"

"보기 좋습니다"

"아버님, 힘내세요"

"다 왔습니다" 등등.

다시 올라가자며 하시는 말씀.

"뺑들도 심하다. 뭘 다 왔어. 이제 겨우 74 계단 올라왔는데. 어서 가자"

드디어 정상이었다. 어쩜 이 경관을 보고 가라고 바다가 심통을 부린 것 같았다. 올라오길 잘했다고 몇 번이나 뇌까렸다. 쉬엄쉬엄 내려왔다. 주차장에 파라솔 두 개를 펴 놓고 장사하는 분이 계셨다. 막걸리 한 병과 기본 안주를 주문했는데, 주인이 "어떤 사이냐?"며 묻더니, 주문하지도 않은 생더덕을 "보기 좋다"며 연신 주셨다.

도동항으로 돌아왔다. 날이 저물려면 아직 시간이 남아 있었다. 도동항 울릉 여객터미널 뒤편에 '용궁 해안가'라는 푯말이 눈길을 끌었다. 용궁? 그곳으로 향했다. 파도 소리를 들으며 걷는 길이 한결 가벼웠다.

식당 이름이 '용궁'으로 야외에 의자를 놓고 장사하고 있었다. 마침, 누군가가 최백호의 〈낭만에 대하여〉를 라이브로 부르고 있었다. 한적한 곳에 자리 잡고 홍합탕과 막걸리를 주문했다. 막걸리 두 병을 비웠다. 그때 산 위에 있는 향나무를 쳐다보며 아버지는 독백처럼 말씀하셨다.

"흙 한 톨 없는 척박한 곳에서 튼튼하게 살아가는 나무들을 보면 난 삶에 용기를 얻는다. 삶에 불만을 느끼기보다는 그 삶을 개척하기 위해 살아왔다"

"…."

"돌이켜 보면 바보같이 산 것 같아도 보람 있는 삶이었다는 생각이 든다. ○○(증손자)을 잘 키우도록 해라"

"…."

추가로 주문한 막걸리와 홍합탕이 나왔다. 아버지의 이야기는 이어졌다.

"이 나이까지 사는 것도 복인데, 때론 네게 짐이 되는 것 같아 미안하다는 생각도 들고 네 엄마 생각이 많이 난다"

평소 완고하신 아버지 모습이 아니었다. 여행 중 아버지와 부딪힐 일이 생기지나 않을까 했던, 내 생각이 짧았다. 약해져 가는 아버지 모습에 울컥했다.

여행 넷째 날 아침, 숙소 인근 '울릉도 식당'으로 갔다. 만 원짜리 오징어 내장탕을 주문했다. 70대 후반쯤 되어 보이는 여주인이 물었다.

"둘이 왔느냐?"

"예"

"참 보기 좋다. 욕본다. 아들이 아버지를 모시고 왔네"

주문하지 않은 밥 한 그릇을 더 주셨다. 계산할 때, 보기 좋다며 밥값을 조금 덜 받겠다고 하셨다. 쑥스럽기도 하고 한편 고맙기도 했다. 가이드로부터 11시 30분까지 모이라는 연락이 왔다. 출항까지는 시간이 남았다.

첫날 걸었던 성인봉 촛대바위 쪽으로 갔다가 돌아오는 길, 항구 외진 노점에서 오징어를 회로 떠 파는 아주머니 한 분이 계셨다. 회는 바로 앞 식당으로 가져가 술과 상추를 구입해 먹으면 된다고 했다.

허름한 식당에는 70대 초반쯤 되는 남자 4명이 있었다. 그분들은 술 한 잔씩 한 것 같았다. 우리처럼 발이 묶여 아침부터 와 있었던 듯했다. 우리를 곁눈질로 힐끔거리며 보는 것 같았다. 잠시 후 그들끼리 나누는 소리가 들렸다.

"보기 좋다. 왜 나는 이렇게 하지 못했는지 원망스럽다. 고맙다" 등등.

일행 중 한 명이 내게 다가와 11시에 묵호항으로 출항하는 배를 기다리고 있다며 물었다.

"어떤 사이입니까?"

"부자지간입니다"

"아버지께 술 한잔 권해도 되겠습니까. 연세가 얼마인지요?"

"좋지요. 올해 여든아홉입니다"

그들이 건네는 술을 아버지는 고맙다며 받으셨다. 옆에서 조용히 그 광경을 보고 있던 분이 고성에서 왔다며 아버지께 다가와 술을 따라드리며 목이 메어 말했다.

"아버지 살아 계실 때 이렇게 해드리지 못한 게, 새삼 앞에 보이는 것 같아 기쁘면서도 슬프네요. 건강하게 오래…."

말끝을 잇지 못했다. 분위기가 숙연해졌다. 아버지도 한마디 하셨다.

"어머니 돌아가신 지 근 50여 년이 되었소. 당시 생활이 어려워 어머니께 변변한 설렁탕 한 그릇 제대로 대접 못 한 게 맘에 걸려요"

아버지도 전염된 듯 물기 묻은 목소리였다. 나는 그 자리에 더 있을 수 없어 밖으로 나왔다.

밤 10시 30분, 서울에 도착했다. 89세 아버지와 62살 아들의 여행은 마무리되었다.

부전자전

구순을 넘긴 아버지는 아직도 농사를 천직으로 여기신다. 봄이 되면 나는 올해 어떤 작물을 어디에 심을 것인지 여쭤본다. 매년 심는 작물은 비슷하고, 가을에 손익을 따져보면 남는 게 없다. 그러나 아버지는 농사일을 내려놓을 수 없단다. 자식들에게 나눠주는 것이 기쁨이고, 농작물 자라는 모습을 보면 생기가 돈다고 하신다. 해가 갈수록 힘이 벅차다면서도 빈 땅이 보이면 무엇이라도 더 심어야 했고, 해가 넘어가는 줄도 모르고 풀 한 포기라도 더 뽑아야 하는 습관은 여전하시다.

어느 날, 고향 친구를 만났다. 그 친구가 아버지에 대해 이야길 했다.

"너희 아버님은 젊은 우리보다도 일을 더 많이 하셔. 땅거미가 훨씬 지나서야 밭에서 내려오시지. 너희 밭에 난 풀들은 제대로

임자를 만났어"

 이 이야기는 아버지께 더 많은 관심을 가지라는 뜻으로 들렸다. 홀로 계신 아버지를 돌보는 도우미분이 상주하고 계시지만, 밭에서 쓸쓸함을 달래려 하시는 것 같았다. 돌아가신 어머니가 남기신 빈자리가 날이 갈수록 커 보였다. 땅거미가 내리는 시각, 동네 한가운데를 가로질러 지팡이를 짚고 꾸부정한 모습으로 내려오시는 게 아른거렸다. 그 모습은 늘 마음 한구석을 시리게 한다.

 아버지께 수시로 안부 전화를 드린다.
 "아버지, 요즘 해가 넘어가야 밭에서 내려오신다면서요?"
 쓸데없는 걱정 말라는 듯, 아버지 목소리 톤이 높아진다.
 "누가 그래?"
 들은 대로 말씀드리기가 곤란하여, 얼버무리며 대답했다.
 "동네 분들이 그러시던데요. 동네 분들 눈도 있고, 건강을 생각해서라도 일찍 내려오세요"
 아버지는 당당하게 말씀하신다.
 "눈치? 쓸데없는 소릴 하고 있네. 내가 이 나이에 누구 눈치를 보나?"
 걱정되는 마음에 말을 이었다.
 "그래도요, 해 있을 때 밭에서 내려오세요. 제발"
 아버지는 걱정하는 아들을 다독이듯 말씀하셨다.

"모르는 소리 하지 마라. 한여름 낮에는 더워서 일을 못 해. 해가 넘어갈 때 일을 해야 능률이 오르지. 염려하지 말아라. 지금은 옛날에 비하면 별것도 아니야. 네 엄마 있을 때는 정말 일 많이 했어. 요즘은 밭에 있을 때가 마음이 제일 편안하다"

밭에서 일찍 내려오시라 하면 알았다고 하시면서도 늘 번번이 약속은 지켜지지 않았다. 이번엔 다른 방도가 필요할 것 같았다.

"앞으로 해가 넘어갈 때쯤 집으로 전화해서 확인할 테니, 밭에서 내려와 받으세요"

귀찮은 듯이 대답하셨다.

"알았다"

그 후 시골집에 전화했지만, 신호만 갈 뿐 받질 않으셨다. 곧바로 아버지 휴대전화로 전화했다.

"지금 어디에 계세요?"

"밭이야"

"일찍 밭에서 내려오시라고 그렇게 말씀드렸는데 아직도 밭에 계세요?"

며칠째 같은 일이 반복되었다. 그러던 어느 날, 집으로 유선 전화를 걸었지만 신호만 갈 뿐 받지 않으셨다. 아버지 휴대전화에 다시 전화를 걸었다. 한참 후에야 전화를 받으셨다.

"어디에 계세요?"

잠시 망설이시는 듯한 목소리였다.

"집이다"

이상했다. 방금 집에 전화를 했을 때는 아무도 받지 않았는데. 집이라니? 순간 머릿속이 혼란스러웠다. 혹시 내가 아버지를 간섭하고 통제하려는 것은 아닌지?

내가 홍천 집에 있는 걸 아는 딸이, 해 질 무렵 나에게 전화했다.
"아빠, 지금 어디에 계세요?"
"텃밭에 있어"
"아휴, 아빠가 할아버지께 일 좀 그만하라고 하시면서 아빠, 엄마도 좀 그러세요"
"지금이 일하기 좋은 시각이야. 네가 뭘 안다고 그래"

부전자전인가 보다.

청려장

아버지 걷는 모습이 예전 같지 않다. 허리는 굽은듯하고 어깨는 축 처졌으며 보폭은 좁아졌고, 발걸음은 한층 느려 보였다. 이를 인정하기 싫었지만, 받아들여야만 했다. 아버지는 스스로도 걸음이 예전 같지 않다고 하신다. 그 말씀에 지팡이를 사다 드렸지만, 사다 드린 지팡이는 현관에 그대로 있었다. 왜 사용하지 않으시냐고 여쭈었더니, 지팡이를 짚는 모습을 동네 사람들에게 보이고 싶지 않다고 하셨다.

어느 날 시골집 문간에 낯선, 투박한 플라스틱 지팡이가 있었다. 그 뒤로 아버지는 외출할 때나 밭에 나갈 때 그 지팡이를 꼭 짚고 다니셨다. 나와 손자가 사다 드린 지팡이는 고급스러웠지만 천덕꾸러기 신세를 면치 못하고 있었다. 궁금하여 여쭈었더니, 동네 분들과 여행 중에 내 친구 형님이 고속도로 휴게소에서 사준 지팡이라고 하셨다. 그러면서 지팡이는 예로부터 아들 친구가 해주는 것이라며, 아들이 지팡이를 해주면 부모가 빨리 돌아가길 바라는 마음에서 그러는 것이라고 하셨다. 순간 얼굴이 화끈거렸다.

백색 거짓말도 있다는데, 내가 직접 만든 지팡이를 친구가 준비해 준 것이라 말씀드리면 어떨까 생각했지만, 마음이 편치 않았다. 그러던 중, 지인들과 안동 도산서원에 갈 기회가 있었다. 그곳에서 퇴계 이황 선생이 살아생전 사용했던 명아주 지팡이를 보았다. 명아주로 지팡이를 만들면 어떨까 싶어 조사했더니, 명아주 지팡이를 짚으면 중풍을 막고 심장에 좋으며 무병장수한다는 속설이 있었다. 일명 청려장(靑藜杖)이라 불리며, 조선 시대에는 부모 나이 오십이 되면 자식이 바치는 것을 '가장(家杖)'이라 하여 효도의 상징으로 여겼다.

홍천군 팔봉산 인근 텃밭에 봄부터 명아주를 심어 정성껏 키웠다. 잡풀로 자랄 때는 잘도 크는 것 같더니만, 정성을 늘이자 더디게만 자라는 듯했다. 비바람에 쓰러지지 않게 지지대에 묶어 애지중지 키운 명아주 한 포기가 나보다 더 크게 자랐다.

늦가을이 되어 지팡이를 만들기 위해 명아주 윗부분과 가지를 잘라내고 뿌리째 뽑았다. 밑동은 팔목만큼 굵었고 뿌리는 깊이 박혀 혼자서는 뽑기가 버거웠다. 잔뿌리를 잘라내고 뿌리 사이에 있는 흙을 털어냈다. 껍질을 벗기기 위해 물에 담가두었다가 다음 날 뽀얀 속살이 드러나도록 껍질을 벗겼다. 껍질은 묵은 때 벗겨지듯 잘 벗겨졌지만, 가지가 있었던 부분과 밑동은 보푸라기가 자꾸 일어났다. 혹시 말릴 때 뒤틀릴까 걱정이 되어 곧은 나무 두 개를 옆에 대고 고정시켜 열흘간 말렸다. 말린 후 보푸라기를 가스 불에 태우니 거뭇하게 탄 자리가 더 품위 있어 보였다. 손잡이 부분에 끈 묶을 구멍을 뚫으니, 마음은 이미 아버지께 가 있었다.

목재용 니스를 세 번 칠하고 말리며 마무리했다. 문득 명아주가 아버지의 삶과 닮은 것 같아 울컥했다. 가지가 있었던 울퉁불퉁한 부분은 어렵고 힘든 난관을 극복하며 올바르게 자식들을 위해 한평생 살아오신 아버지 모습을 떠올리게 했다. 보푸라기 탄 거뭇한 부분은 아버지의 삶 속 깊이 박혀 있는 치유할 수 없는 한(恨) 같았다. 90여 년 살아오시며 겪은 상처와 깊은 한이 얼마나 많았으면, 내가 알고 있는 것도 여러 개나 될까 싶었다.

돌아가신 어머니를 그리워하시며 꿋꿋이 견디며 살아오신 아버지께 감사한 마음으로 마무리했다.

전화드리고 청려장을 갖고 본가로 출발했다. 지팡이를 보시고 어떤 말씀을 하실지 궁금해하며 들어가니, 아버지는 거실 소파에 앉아 계셨다.

"아버지, 지팡이 만들어 갖고 왔어요"

"지팡이? 명아주 지팡이네. 지팡이는 아들 친구가 만들어 주는 거지, 아들이 만들어 주는 게 아니다"

예상한 말씀이었다.

"그런 게 어디 있어요. 우리나라 귀신은 전쟁 통에, 포탄에 맞아 다 없어졌다고 말씀하시면서요. 조선 시대에는 가장이라 하여 부모 나이 오십이면 자식들이 선물했다고 하네요. 한번 짚어보세요"

옆에 있던 아내가 거들었다.

"아버님, 지팡이 만들려고 아범이 봄부터 얼마나 신경을 많이 썼는데요. 앞으로 밖에 나가실 때 이거 꼭 짚고 다니세요"

소파에 앉아 있던 아버지는 일어나 지팡이를 짚어보시며 말씀하셨다.

"가볍고 키에 꼭 맞는구나"

점심 드시러 집을 나서는데, 아버지는 말없이 청려장을 쥐고 앞장서셨다. 어머니를 먼저 보내고 느끼셨을 허전한 마음 한구석을 이 지팡이로 조금이나마 채우셨으면 하는 바람도 들었다.

그 후로 시간이 참 빠르게 흘렀다. 5년 전 청려장을 처음 만들때처럼 매년 지팡이를 만들어 드렸다. 청려장은 1년만 사용해도 니스가 벗겨지고 흙 때가 묻어 거뭇거뭇해졌다. 올해 청려장을 만들 때, 아버지가 몇 년 전 하신 말씀이 떠올랐다.

"네가 만들어 준 지팡이를 짚고 다니면, 옆에 네가 있는 것 같아 든든하다"

앞으로 청려장을 몇 번 더 만들 기회가 있을까?

코스모스씨, 한 줌

　어머니 돌아가신 지 16년, 올해도 어머니 제사를 산소에서 지내기로 했다. 제삿날 비 온다는 기상 예보에 하루 전날 1, 2시간 간격으로 날씨 정보를 보았다. 전날 밤까지 비가 내려 심란하기만 했다. 눈 뜨자마자 날씨 정보를 보니, 오전 9시까지만 비 예보가 있고 그 이후에는 흐림이란다. 다행히 비는 내리지 않고 있었다. 이때 아들로부터 전화가 왔다. 어젯밤부터 손자가 기침을 해서 손자는 함께 가지 않는 게 좋겠다고 했다. 초등학교에 입학한 증손자를 어머니께 보여드리고 싶었지만 아쉬웠다. 1시간 반을 가야 하는 곳에 있는 산소. 짐을 챙겨 아내와 3명이 아들 차로 출발했다.
　47번 국도. 어머니 운구차가 갔던 길을 따라 목적지로 향했다. 운전하는 아들과 조수석에 앉아 있는 아내를 보며, 뒷좌석에서 나는 어머니의 마지막 모습이 떠올라 가슴이 먹먹하기만 했다. 당신의 맏아들만큼은 대학까지 공부시켜야 한다며 가난이란 굴레 속에 고단했던 삶을 지탱한 원동력은 무엇이었을까? 임종을 앞두고 병상에 누워 계신 어머니와 나누었던 기억이 선명히 떠올랐다.

통증만 관리하는 것 이외에 자식으로서 마땅히 해드릴 게 없었다. 막막하기만 했다. 가슴 복받쳐 올라오는 슬픔을 누르며 어머니께 처음으로 고맙고 감사하다는 말씀과 함께, 혹시 돌아가시더라도 할머니나 할아버지께서 집안을 훌륭하게 키운 장한 며느리였다고 하실 것 같다는 말씀도 드렸다. 어머니는 어떤 눈치를 채셨는지 말씀하셨다.

"나보고 유언하라는 게냐, 애야. 네가 있는데 내가 왜 죽니?"
"…."

쏟아질 것 같은 눈물을 참을 수 없어, 화장실서 삭이고 돌아왔다. 죽음이란 것마저도 큰아들은 막을 수 있을 거라고 믿고 계셨던 어머니였지만, 며칠 후 세상을 떠나셨다.

예정된 시각에 맞춰 아버지와 남동생 식구들이 산소에 다 모였다. 지난해 멧돼지가 봉분을 망가트려 고라니 망을 쳐놓은 게 효과를 본 듯, 분묘는 이상이 없었다. 이곳에 묘터를 장만한 지 20여 년이 더 지났다. 어머니와 아버지가 심었던 소나무도 많이 컸다. 어머니를 이곳에 모시고 산소 진입로에 심은 벚나무, 산소 주변에 심은 반송과 영산홍, 어머니의 맏손자가 고등학교 때 서울시

장 상으로 받은 백목련도 많이 컸다.

아버지는 이번에도 호미와 낫을 챙겨 오셨다. 아내와 제수씨는 제사상을 준비하고, 아버지는 봉분 옆에 주저앉아 한평생 농사일로 다져진 솜씨로 잡초를 뿌리째 뽑으셨다. 마치 어머니 삶을 힘들게 했던 암세포들을 응징하는 것 같았다.

예를 올렸다. 봄 햇살이 따스했다. 산소 앞에 둘러앉아 음복하는 자리에서 아버지는 약주 몇 잔을 드시고 말씀하셨다.

"내가 갈 날도 그리 많이 남지 않았다. 내가 죽으면 경황이 없을 것이다. 그러니 엄마를 화장해서 유골을 종중 숭조당에 잠시 안치 했다가 내가 죽으면 국립묘지에 함께 안장하도록 해라"

뜻밖의 말씀을 하셨다. 내심 나도 이런 생각을 하고 있었으나, 어머니는 생전에 화장하지 말라고 하셨던 것도 있고, 아버지께 이런 말씀을 드리는 게 불효 같아 속으로만 생각하고 있었다. 내 마음을 들킨 것 같아 죄송스럽기까지 했다. 아버지 말씀에 답을 해야 할 것 같아 조심스럽게 말했다.

"윤달에 이장하는 게 좋다고 하니, 윤달이 있는 2023년이 어떻겠어요?"

아버지는 내 말이 끝나자마자 기다리고 있었다는 듯이 말씀하셨다.

"그때까지 살지 못할 것 같아. 요즘 몸이 무너지는 것을 느낀다. 적당한 날 받아서 하거라"

아버지가 마련한 터에, 백 리가 넘는 먼 길을 마다하지 않고 와서 꽃상여를 준비해 주신 마을 분들의 배웅을 받으며 영면에 드신 어머니. 편히 쉬고 계신 어머니를 깨워 화장할 일을 쉽게 결정할 수 있는 것은 아니지만, 어머니께서는 생전 남편과 아들 말이라면 무조건 인정해 주셨던 분이셨으니, 아버지 돌아가신 후 두 분이 함께하실 수 있다면…, 고개를 끄덕여 주시지 않을까. 햇살이 구름에 가려 분위기가 숙연해졌다. 동생들과 상의하겠다며 마무리했다.

음복을 다 마치고 일어나려는데, 아버지는 아들들만 남고 며느리와 손자들은 먼저 내려가라고 하셨다. 아버지, 나, 남동생만 남았다. 아버지는 호주머니에서 주먹만 한 검은 비닐봉지를 꺼내셨다. 그 안에 신문지로 싼 것이 있었다. 궁금하여 여쭸더니, 담담하게 말씀하셨다.

"이거는 네 엄마가 살아생전 좋아했던 코스모스 꽃씨다. 지난가을 십 근처에서 받아 겨우내 보관했던 거란다"

며느리와 손자에게 아내에 대한 그리움을 들키고 싶지 않아 먼저 내려가라 하신 게 아닌가. 살아생전 어머니께 완고하셨던 아버지가 한없이 안쓰러웠다.

아버지는 직접 씨를 심으려고 하셨다. 호미를 받아 아버지 말씀대로 땅을 파고 코스모스 씨를 뿌렸다. 씨 심는 모습을 보시고 나서야 안심이 되셨는지 별말씀 없이 내려가자며 앞장서셨다.

올해 아버지 연세 94세. 이곳에 어머니를 안장할 때의 꼿꼿했던 모습은 찾기 어렵다. 내 걱정하지 말라고 하시지만, 약주도 줄어들었고 기억력도 많이 쇠퇴하셨으며, 굽은 허리에 발걸음은 눈에 띄게 느려지셨다. 지난해에는 산소까지 한 번에 올라오셨는데 이번에는 두 번이나 쉬어야만 했다. 앞으로 이곳에 얼마나 더 오실 수 있을까? 쇠잔해 가며 아내를 그리워하는 아버지를 보니 오늘따라 어머니에 대한 그리움이 더욱 짙어졌다.

올가을, 아버지 마음이 담긴 코스모스가 어머니 곁에서 흐드러지게 핀 모습을 상상해 본다.

등급 판정

 아침에 국민건강보험공단에서 보낸 '장기요양 인정 결과 통지 문자 메시지'란 문자가 휴대폰에 떴다. 제목만 보아도 무슨 내용인지 알 것 같았다. 얼마 전 아버지의 노인 장기요양 신청을 하고 일련의 절차를 진행하며 결과를 기다리는 중이었다. '장기요양 인정'이라는 문자 중 '인정'이라는 단어를 보니 설마 했던 게 현실로 나타나 기분이 묘했다.

 매일 아버지에게 전화하면 시차가 뒤죽박죽되는 경우가 있고, 때론 뜬금없는 이야기를 하시기도 했다. 지난해와 지지난해에는 비닐하우스에 씨앗을 뿌리고 싹이 틀 무렵 거름을 과하게 주어 연속으로 실패했었다. 옆 동네에서 집을 찾지 못하는 일도 있었고, 얼마 전에는 돈이 없어졌다며 입주 도우미를 의심하시기도 했다.

며칠 전에 있었던 일도 기억하지 못하는 일이 있기도 했고, 특히 약을 제때 챙기지 못하셨다.

코로나 시국에 접어들며 외출이 제한되자 행동은 더 부자연스러워졌고, 친구 두 분이 돌아가셨을 때는 매우 심란해하시며 우울해하셨다. 겨울 동안 무료함을 달래드리려고 집 인근 주간보호센터에 다니시게 했더니, 처음에는 낯설어하시다 곧 적응하시며 즐거움을 찾으셨다. 그곳 원장이 국가에서 지원하는 '노인 장기요양제도'를 알려주어 신청하게 되었다.

며칠 후, 공단 관계자가 아버지를 대면조사 하러 나왔다. 조사관과 마주한 아버지는 묻는 말에 또박또박 대답하셨고, 본인의 생각과 신문에서 본 이야기를 말씀하셨다. 그러더니 묻지도 않은 6.25 전쟁 이야기를 꺼내며, 언제 어디서 어떻게 전투했고 그곳에서 훈장을 받았다는 말까지 이어가셨다. 빨리 끝났으면 좋겠다고 생각했지만 아랑곳하지 않으셨다. 조사관이 "앞에 앉아 있는 아들이 큰아들인지 작은아들인지" 묻자, 아버지는 잠시 망설이다 작은아들이라 하셨다. 순간 헷갈렸다. 이후 마스크를 벗은 모습을 보자 그제야 큰아들이라고 하셨다. 조사관은 안방과 부엌, 화장실 등을 살펴보고 위험을 예방하기 위해 설치한 기물들을 보고는 잘했다며 미흡한 부분도 지적해 주었다. 화장실 문턱과 안마당으로 내려가는 계단이 특히 위험하다고 했다.

면담이 끝나고 아버지는 며칠 후 전문의와 상담을 진행했다. 의사는 아버지께 세세하게 묻고 답을 듣더니, 나에게도 아버지의 그간 행동에 대해 물었다. 2015년부터 S 병원에 모시고 다녔던 기록과 처방받은 약들, 현재 복용 중인 약도 설명드렸다. 그러는 사이 아버지는 의자에 앉아 고개를 떨구며 토막잠에 드셨다.

건강보험공단에 서류를 찾으러 가는 길, '인정'된다는 사실이 기쁘기보다는 속상했다. 돌아오는 길, 나이가 병이라는 말을 곱씹으며 나의 훗날, 미래를 생각해 보았다.

아버지 나이는 88살

아버지는 집 인근 주간보호센터에, 가뭄에 콩 나듯이 다니셨다. 그러다 취미가 붙으셨는지, 집에 계신 도우미분과 매일 다니셨다. 집에 계시는 것보다 주간보호센터에 가시는 게 여러모로 안심되어 마음이 놓였다.

어느 날부터 주간보호센터에 가지 않으시겠다고 하셨다. 코로나에 노출될 것 같다는 게 이유였다. 하지만 그것은 표면적인 이유였고, 실제로는 비용이 부담되셨던 듯하다. 계속 다니시라 해도 막무가내였다.

등을 떠밀다시피 하여 다시 나가시게 되었고, 다행히 예전보다 더 잘 적응하셨다. 아침에 안부 전화를 드리면 주간보호센터에서 어떻게 시간을 보냈고, 어떤 활동을 했는지, 밥은 무엇을 먹었는지? 일일이 알려주셨다. 나는 장단을 맞추며 들었다. 그런데 요즘 또 가기를 꺼리신다. 센터 원장에게 여쭤보니 특이사항을 찾을 수 없다고 했다. 매일 통화하면서 여쭤봐도 그저 가기 싫다고만 하셨다. 다른 센터로 옮겨드리겠다고 하니 그러지는 말라고 하신다. 한참 만에 입을 여셨다. 얼마 전 새로 들어온 사람이 아버지보다 나이가 더 많아 보여 조심하셨단다. 그런데 그 사람이 아버지에게 나이를 물어서, 용띠라고 하시자 모른다는 표정을 지어서, 다시 무진년생이라 했지만, 그것도 모른다고 하여, 95살이라고 했더니 눈빛을 달리하며 그 후부터 아버지 곁으로 오지 않더란다. 그때부터 아버지를 외톨이로 만들더란다. 그게 속상해서 안 가시겠다는 거였다. 알고 보니 그 사람의 나이가 88살이었단다.

같은 동네에서 나고 자란 분 중에 아버지와 같이 센터에 다니시는 88살인 분이 계신다. 그분은 내 여동생 친구 ○○ 아버지다. 나는 아버지께 "○○ 아버지보다 나이가 적다고 할 수 없으니, 앞으로 누가 물어보면 아버지 나이는 88살이라고 하세요"라고 말씀드렸다. 아버지는 웃으셨다.

오늘부터 아버지의 나이는 88살이다. 영원히 팔팔한 88살.

이별 여행

 여행을 좋아하는 아버지와 틈틈이 나들이를 함께하곤 했다. 이번에는 대관령 주변 오대산과 발왕산, 강릉 바닷가를 둘러보는 2박 3일 여행을 계획했다. 이는 하루하루 기울어 가는 아버지께 삶의 활력을 충전해 드리고 싶었다. 아흔다섯의 아버지와 여든 가까운 도우미분 모두 나이의 무게에 점점 쇠잔해져 가는 것을 보고 있어, 이번 기회에 육체적, 정신적 건강을 자세히 관찰하고도 싶었다.

 아버지께 안부 전화를 드리며 여행 소식을 전했더니, 예전 같지 않으셨다. 여행이라 하면 들뜬 목소리로 반가워하셨을 아버지가 이번엔 덤덤하게 요양원에서 일하는 도우미분의 큰딸이 와 있다고 하셨다. 평소에도 큰딸이 쉬는 날이면 종종 방문하곤 했으니 그런가 보다 했다. 대화 중 아버지가 뜻밖의 이야기를 꺼내셨다.

도우미분이 곧 출국할 거라는 것이다. 중국동포인 그분이 언젠가는 고국으로 돌아가리라 예상은 했지만, 막상 그런 이야기를 들으니 아쉬움이 밀려왔다. 나는 도우미분의 큰딸과 직접 통화를 했다. 우연의 일치였을까, 여행을 떠나기 전날에 동생네 집이 있는 안성으로 먼저 가서 며칠을 머물다가 출국하겠다고 했다. 이미 비행기 표까지 준비했다는 말에 돌릴 수 있는 상황은 아니었다. 서둘러 함께 여행을 가자고 청했다. 거절할 것 같아 방 세 개 있는 콘도를 준비했으니 같이 가자고 권했으나, 감사한 마음만 받겠다고 했다.

10년 가까이 아버지 일상생활을 도와주셨던 분이 떠난다니 아쉬움이 가득했고, 앞으로 그분이 차지했던 자리를 어떻게 채워야 할지 걱정이 앞섰다. 어머니께서 돌아가신 지 17년이 지났고, 그동안 여덟 분이 아버지 도우미로 왔었다. 이분은 아버지가 돌아가실 때까지 곁에 계시겠다며, 10년 가까이 함께해 오셨다. 하시만 지난해부터는 도우미분도 행동이 예전 같지 않고, 인지 기능까지 많이 저하된 것처럼 보였다. 요즘에는 허리가 아파 걷는 것도 힘들어하시고, 아버지와 함께 병원 갈 일이 잦아지기도 했다. 때로는 감정이 격해져 시간 구분 없이 아내에게 전화를 걸어 아버지에 대해 험담을 하기도 했다. 주객이 전도된 것 같다는 생각이 들 때도 있었지만, 아버지께 말벗이 있다는 점이 위안이 되었다.

몇 달 전, 도우미분 큰딸이 내게 전화해서 "아무래도 이제 어머니를 모셔 가 따뜻한 밥 한 끼라도 함께할 때가 된 것 같아요"라는 말에 맞는 말이라고 했다. 아버지 성격을 잘 아는 나로서는, 비용보다도 두 분이 편안하게 지내는 모습이 고마웠다. 아버지 마음이 편안하니 나 역시도 마음이 편안했다. 도우미라는 신분에서 오는 스트레스가 얼마나 많을까 싶어 세심히 챙겼다. 아버지에게 필요한 물건을 마련할 때는 그분 것도 빠뜨리지 않고 챙겼다.

 도우미분은 여행 간다고 했더니 매우 좋아했고, 아버지도 함께 갔으면 했다. 여행을 마치고 돌아오는 길에 안성으로 모셔다드리겠다며 큰딸을 설득해, 함께 가기로 했다. 아내는 여행 중 필요한 물건을 세심하게 준비했다. 짐은 여행 떠나기 전날 미리 안성으로 보냈다. 다섯 사람이 함께 여행길에 올랐다.

 조금만 걸어도 힘들어하는 두 분. 도우미분은 아버지보다 더 힘들어하셨다. 딸이 부축해 드려도 걷는 데는 한계가 있었다. 아버지도 상원사 계단 앞에서 경내까지 올라갈 엄두를 내지 못하고, 우리에게만 갔다 오라 하셨다. 작년 고성 건봉사에 갔을 때는 힘든 발걸음을 마다하지 않고 앞장서셨지만, 오늘은 그렇지 못했다. 상원사에서 아내는 도우미분과 큰딸에게 작은 선물을 드렸다. 도우미분이 해맑게 웃으시는 모습이 꼭 어린아이 같았다. 경포대 백사장에서 바닷가로 가려 했지만, 몇 걸음 걷다 지팡이를 짚고 우두커니 바다를 바라보시는 모습이 안쓰럽기만 했다.

 발왕산 케이블카에 몸을 실었다. 티 하나 없이 맑은 하늘이 사방을 감쌌다. 세차게 불어오는 바람은 차가웠다. 이곳에 다시 올 수 있을까, 하는 아쉬움 때문인지, 도우미와 큰딸은 사진 찍기에 여념이 없었다. 나는 세찬 바람을 그 자리에서 맞고 싶어 서 있었다. 안타까움을 이야기한들 무슨 소용일까? 홀가분하게 보내드리는 게 정답인 것 같았다. 이제 이곳에서 내려가 하룻밤 지내면 작별의 시간만 남았다. 차 한 잔으로 허전한 마음을 달랬다.

여행 중 이해하기 어려운 일들이 순간순간 있었다. 무심히 지나치면 모를 일들이었다. 자세히 보니 무언가가 부족하고 헛도는 느낌이 들었다. 아버지는 분위기와 맞지 않는 엉뚱한 이야기를 가끔 하셨다. 그간 수없이 들었던 군대 이야기, 수없이 들어서 아는 이야기를 도우미분은 말없이 맞장구치며 다 들어주고 있었다.

헤어지는 날 아침. 아버지는 "뭘 꾸물대냐?" "왜, 안성으로 가냐?" "우리 집으로 가서 그냥 안성으로 가게 하라"라고 하셨다. 일부러 트집을 잡으시는 것만 같았다. 어젯밤에도 분명히 말씀드렸는데, 당황스러웠다. 아침 식사는 맛이 없다며 드시질 않았다. 숙소에서 나오는 두 분의 발걸음은 무거워 보였다.

차만 타면 주무시는 아버지. 그러나 안성으로 향하는 차 안에서는 다른 때와 달리, "지금 어디쯤 가고 있느냐?"며 몇 번이나 물으셨다. 안성 시내에 거의 다다른 일죽 인근의 삼계탕 맛집에서 점심을 먹었다. 식사 시간 내내 무거운 침묵만 흘렀다.

안성에서 보내는 시간을 가능하면 짧게 하는 게 좋을 것 같았다. 나와 아내, 큰딸이 먼저 차에서 내려 두 분을 기다렸다. 두 분은 내리지 않고 계셨다. 아직도 못다 한 이야기가 남아 있는 것 같았다. 기다리다 문을 열어보니, 두 분은 눈물을 보이고 계셨다.

두 분께 인사와 동시에 출발했다. 백미러로 본 아버지는 도우미 분이 보이지 않을 때까지 목을 돌려 계속 보고 계셨다. 그분이 계셨던 자리가 점점 크게 느껴진다. 이 공간을 어떻게 채워야 할까? 이별 여행이 남긴 숙제다.

어머니 뵙던 날

  영면에 드신 지 18년, 오늘 어머니를 뵈었습니다. 어머니께서는 생전에 "내가 죽더라도 불구덩이에 넣지 말아라"라고 하셨습니다. 망설였습니다. 죄송합니다. 오늘 아버지의 뜻에 따라 어머니를 종중 숭조당에 모셨습니다. 용서하세요, 어머니.

  그동안 꿈속에서라도 어머니를 뵙고 싶었습니다. 어렴풋이 두 번 뵈었습니다. 한번은 어머니가 돌아가신 지 얼마 되지 않았을 때, 짙은 안개가 낀 언덕 위에서 희미하게 저에게 무언가 말하려다 멀어져 가는 모습이었습니다. 깨어나서 무슨 말씀을 하려고 하셨을까? 홀로 남은 아버지를 잘 보살피라는 말씀을 하시려는 것 같았어요. 또 한번은 중학교 기차 통학하던 때 같았습니다. 역에서 내려 봇도랑을 지나 지름길인 산길로 접어들어, 언덕에서 집을 바라보던 장면이었습니다. 먼발치에서 본 집은 어릴 적 살던 초가집이었지만, 집 앞에 다다랐을 때는 옛날 슬레이트집으로 바뀌어 있었습니다. 안마당에 들어서며 엄마를 불렀으나 어머니는 보이지 않으셨고, 가을 햇볕이 남아 썰렁해진 안마당이 있었을 뿐이었습니다. 다시 엄마를 크게 불렀더니 뒤뜰에서 안마당으로 나오시는 모습을 보고 꿈에서 깼습니다. 그때 한 마디라도 나눴더라면 얼마나 좋았을까요. 그리웠던 어머니를 오늘 뵈었습니다.

아버지께서 본인이 사망하면 경황이 없을 거라며, 아버지 생전에 어머니를 숭조당에 모셨다가 함께 국립묘지에 안장하라 하셨습니다. 오늘이 길일이라고 추천받은 날입니다. 동이 트기 전, 아버지는 남동생 차를 타고 산 입구에 도착하셨습니다. 날은 쌀쌀했습니다. 아버지는 컴컴한 산길을 지팡이에 의지해 산소로 향하셨습니다.

예를 올렸습니다. 산수유도 잠에서 깨어난 듯 피어 있습니다. 봉분에 삽을 대는 순간 몸이 움츠러드는 듯했습니다. 아버지는 아무 말 없이 지팡이를 짚고 봉분 앞에서 서성이며 지난날을 회상하시는지 먼 산을 바라보며 한참을 서 계셨습니다.

길일이라고 받은 오늘이 공교롭게도 어머니가 돌아가신 전날입니다. 당시 어머니는 통증만 관리하는 상태였지요. 그때 어머니께서는 "네가 있는데 내가 왜 죽어?"라고 하셨습니다. 운명하시던 날 새벽, 병원에 들렀을 때는 숨을 몰아쉬며 "늦기 전에 얼른 회사에 출근해라. 밥은 먹었느냐?"라고 하셨습니다. 이 말씀은 마치 경춘선 기차 통학하던 시절, "얼른 일어나 밥 먹고 학교에 가라"라고 하시던 어머니의 말씀과 같았습니다. 그 말이 어머니가 저에게 하신 마지막 말씀이었습니다. 장례식 날은 4월 초, 쌀쌀한 날이었지만 바람 한 점 없이 포근했습니다. 동네 많은 분이 백 리 길 마다하지 않고 이곳까지 와서 어머니 가시는 마지막 길을 배웅해 주셨습니다. 지금도 저를 보면 어머니를 그리워하는 분들이 계십니다.

유골을 수습했습니다. 어머니는 완전히 황골화된 상태였습니다. 저승에서는 편안한 곳에서 허리 아프지 않고 지내셨는지요? 저도 모르게 어머니 허리뼈에 손이 갔습니다. 차갑게 느껴지는 감촉에, 생전에 좀 더 나은 치료를 받게 해드리지 못한 게 한스러웠습니다. 어머니는 침 맞고 오셔서 허리통증을 호소하시면서도 농사일을 놓지 못하셨습니다. 저녁이면 아프다고 신음하시곤 하셨지요. 대학병원에서 시술받으시고 나아지는 듯하다 몇 해 가지 못하였습니다. 허리가 얼마나 아프셨을까요. 눈물샘을 억눌렀습니다. 산비둘기마저도 어머니가 이곳을 떠나는 것이 서운한지 울어대고, 유택 주변 나무들도 어머니가 떠나신다니 서운해할 것 같았습니다. 생전에 어머니가 심으셨던 소나무와 큰손자가 상으로 받은 목련이 특히 그럴 것 같습니다. 저도 이제 이곳에 올 일은 없겠지요.

어제, 어머니 장례 기록 사진을 꺼내 보았습니다. 사진 속에는 여전히 울음소리가 남아 있는 듯했습니다. 쉽게 눈길을 뗄 수 없는 사진들이 많습니다. 그중에서도 특히 두 장의 사진이 마음에 남았습니다. 한 장은 동네 분들이 어머니를 꽃상여에 태워 보내드리겠다며 이곳까지 상여를 갖고 와, 운구차에서 산소까지는 운반했지요. 그 뒤를 아버지가 쫓아가는 사진이었습니다. 다른 한 장은 49재 마지막 날 어머니의 유품이 불길 속에서 한 줄기 연기로 사라지는 사진입니다. 오늘은 어머니의 유골을 안고 아버지 뒤를 따라 산에서 내려왔습니다.

어머니 유골과 함께 화장장으로 가는 길. 아련한 기억들이 봄 아지랑이처럼 피어올라 눈앞이 뿌옇게 되었습니다. 길가에 잠시 멈춰 서야만 했습니다. 삶의 굴곡인, 넘어서야 하는 언덕과 건너야 할 강을 건너는데, 20년이라는 세월이 흘렀습니다. 왜 이렇게 된 것인지 저는 알고 있습니다. 어머니의 삶은 고단함과 희생의 연속이었고, 깊은 사랑이었습니다.

'하늘내린도리안' 화장장은 깊은 산속에 고요하게 자리하고 있었습니다. 화장장이라는 느낌보다는 포근한 장소처럼 느껴졌습니다. 이제 새로운 형태로 변할 어머니의 유골. 그 유골에 따스한 봄볕을 쬐어드리고 싶었습니다. 유골함을 열고 햇볕을 쬐어드리며 "엄마…." 하고 불렀습니다. 물론 대답은 없으셨지요. 이게 제가 할 수 있는 마지막 일인 것 같았습니다. 가슴이 시리고 아렸습니다.

화로에 안치되려는 순간, 두 손을 모아 어머니께 인사드리는데 쏟아지는 눈물을 참을 수 없었습니다. 고희에 가까운 나이에도 어머니에 대한 그리움의 눈물은 여전히 남아 있었습니다. 전광판에는 '화장 중'이라는 글이 떴고, 얼마 지나지 않아 어머니는 한 줌 하얀 재로 변했습니다.

고향에 있는 숭조당으로 이동했습니다. 숭조당에서 아버지와 남동생이 기다리고 있었습니다. 아버지는 어머니 유골함을 받으시고는 "이제 내가 할 일은 다 했다"라며 숭조당에 어머니를 안치하셨습니다. 어머니, 아니 엄마! 아버지와 차로 이동할 때, 아버지는 종종 엄마 생각에 목이 메여 하십니다. 돌아가시기 전날 "내가 죽으면 당신 불쌍해서 어떻게 하느냐"라고 하셨다면서요? 아버지도 엄마에 대한 그리움이 새록새록 나시는 것이겠지요. 이제 어머니를 집 근처에 모셨으니, 엄마 생각이 나면 아버지가 자주 들르실 것 같습니다.

엄마, 사시면서 마음고생도 많으셨지요. 그래도 아내가 엄마 편에 서서 마음을 편히 해드리려고 애쓴 것이 참 고맙습니다. 엄마, 증손자가 이제 초등학교 3학년이라는 것을 알고 계시겠지요? 다 엄마 덕분이라 생각합니다. 이제 먼저 숭조당에 와 계신 할머니와 큰어머니를 만나셨으니 부디 외롭지 않으셨으면 좋겠습니다.

서울로 돌아오는 내내, 아버지께서 "이제 내가 할 일은 다 했다"라고 하신 말씀이 가슴에 남아 있습니다. 엄마, 아버지께서 사시는 날까지 꿋꿋하게 살아가실 수 있도록 힘을 주세요.

보이지 않는 물고기

얼마 전, 어머니 유골을 종중 숭조당에 모셨다. 그 이후로 아버지는 말끝마다 "생전에 네 엄마 화장 못 할까 봐, 걱정 많이 했다. 이제 내가 할 일은 다 했다"라고 하신다. '다 했다'라는 말은 어떤 의미일까? '이제는 자유롭고 홀가분하다'라는 뜻일까 싶다가도, 때로는 마음이 허전하기도 했다.

주간보호센터에 다니시는 아버지. 매달 가정통신문이 온다. 통신문에는 지난달 행동 관찰 내용, 요양급여 내역, 프로그램, 그리고 다음 달 식단표 등이 있다. 그중 행동 관찰 내용에서 눈길이 멈춘 적이 있었다. '프로그램 진행 중 수시로 잠드심'이라는 부분이었다. 아버지에게, "학생이 공부 시간에 졸면 어떻게 하시냐?"며 걱정스럽게 말씀을 드렸다. 그런데 이번 달에는 '식사 도중 입에 있는 음식물을 다 삼키지 않은 채 잠이 드시곤 하심'이라는 내용이 있었다. 이럴 수가? 만약 그러다가 기도가 막히면 어쩌지?

 손자를 돌보는 아내와 시간을 맞추기 어려워, 혼자 아버지를 모시고 홍천 집에서 며칠 머물며 옆에서 세밀하게 관찰하기로 했다. 가는 길에 홍천 온천에 들렀다. 다리에 남아 있는 화상 자국은 예전의 아픔을 고스란히 간직하고 있었다. 아버지의 근육들은 어디로 사라진 걸까? 쪼글쪼글하게 변한 허벅지, 뼈만 남은 어깨와 등, 종아리…. 샤워할 때도 내가 옆에서 부축해야만 했고, 탕으로 혼자 들어가는 것도 어려워하셨다. 내 손을 통해 느껴지는 아버지의 힘은 가늘고 미약했다. 부축해 드려도 아버지의 몸짓은 엉거주춤하고 어색하기만 했다.

 목욕을 마치고 홍천 집에 도착했다. 아버지는 텃밭을 보시더니 "밭 언저리는 항상 깨끗해야 보기도 좋고 농사도 잘되는 거다"라며, 답할 틈도 없이 밭으로 향하셨다. 한쪽 무릎을 꿇고 한 손에 호미를 갖고 풀을 뽑기 시작하는 아버지. 나는 밭고랑을 만드느라 얼마 안 가 땀범벅이 되었지만, 아버지는 땀 한 방울 흘리지 않으셨다. 나를 보며 아버지는 한마디 하셨다. "나는 네 할머니 젖을 6살 때까지 먹어서 그런지 땀이 안 나는 것 같다. 너는 엄마 젖을 돌도 안 돼서 떼서 그런가 보다"라며 안타까워하셨다. 풀 뽑은 자리에 옥수수나 들깨를 심으라며 품종도 알려주셨다.

 데크에서 아버지는 담배에 불을 붙이셨다. 담배 연기는 허공에 흰 그림을 그리고 올라가더니 흔적도 없이 사라졌다. 담배 연기에 아버지의 모든 근심과 걱정이 함께 날아갔으면 했다. 30년간 담배를 피웠던 나도 담배 맛의 깊이와 그 유혹을 알고, 또한 끊기가 얼마나 어려운지도 잘 안다. 담배 맛이 어떠신지 여쭈었더니, 이곳에서 피우니 맛이 아주 좋단다. 얼마 전부터 아버지께 금연 이야기는 하지 않고 있다. 정신 건강에 좋으시다면 하시라고 마음먹었기 때문이다.

아버지와 여행 중 네 번째 하는 식사는 아버지가 좋아하는 민물매운탕을 먹기로 했다. 춘천댐 근처 매운탕 집들이 모여 있는 곳으로 갔다. 식사를 시작하고 얼마 지나지 않아, 아버지가 수저를 든 채 멈춰 있었다. 주간보호센터 가정통신문 기록을 눈으로 확인하는 순간, 내 시간도 멈춘듯했다. 아…. 이게 웬일일까? 눈을 의심했다. 어떻게 해야 할지 몰라 큰 소리로 아버지를 불렀더니, 마치 뭔가를 훔치다가 들킨 것 같이 민망해하는 표정이었다. 이런 일이 여행 중에 몇 번 더 있었다.

서해 썰물 때 드러난 갯벌을 보시면 "저곳에 농사지으면 얼마나 좋을까?" 하시던 말씀이 기억났다. 2016년 몽골 여행 때, 넓게 펼쳐진 몽골 초원을 보고 돌아와 그 광경을 아버지께 전했더니, 무척 가보고 싶어 하셨었다. 그러나 코로나로 인해 기회를 놓쳤고, 이제는 아버지 체력이 허락하지 않는다. 높은 곳에서 멀리 볼 수 있는 것만으로도 그 갈증이 조금이나마 해소될 것 같아 춘천 삼악산 호수 케이블카로 이동했다.

케이블카에서 내려다본 의암댐은, 햇볕을 받아 반짝였다. 뱃놀이를 즐기는 행락객들도 눈에 띄었다. 얼마 전 친구들과 왔을 땐 앙상했던 가지들이 어느새 연녹색으로 바뀌고 있었다. 아버지의 봄은 앞으로 얼마나 더 이 연녹색을 볼 수 있을까? 좌측으로는 의암댐이, 오른편에는 개장할 때 손자와 함께 와보았던 레고랜드가 보였다. 케이블카가 가파르게 오르는 동안, 아버지와 나는 풍경을 눈에 담느라 바빴다.

케이블카에서 내려 전망대까지는 오르막 경사로 이어졌다. 전망대를 올려다보는 것으로 만족해야 했다. 주변엔 풋풋한 젊음이 넘실거렸고, 외국말이 여기저기서 들려왔다. 지팡이를 짚고 엉거주춤하게 걸으시는 아버지 모습이 초라하기보다는 자랑스러워 보였다. 내리쬐는 햇살이 포근함을 넘어 따스하게 느껴졌다. 날개가 있다면 의암댐 위를 훨훨 날고 싶기도 했다. 카페에서 춘천 시내를 내려다보며 엊그제 있었던 일을 여쭈었더니, 아버지는 "기억이 안 난다며, 그런 게 있었니?"라고 되묻는다. 현실을 알면서도 인정하고 싶지 않았다. 설악산 대청봉 케이블카 설치할 때까지는 사셔야 한다고 말씀드렸더니 묵묵부답이다.

내려오는 케이블카에서 아버지가 물속에 물고기가 보인다며 내려다보라고 하셨다. 아무리 봐도 고기는 보이지 않았다. 바람결에 일렁이는 잔잔한 윤슬만이 넘실대고 있었다. 손으로 가리키며 도망가기 전에 빨리 보라며 재촉하셨다. 아버지가 가리키는 곳을 보아도 보이지 않았다. 어디에 있느냐고 묻다가, 저기 보인다고 말하자 아버지는 매우 흡족해하셨다. 물고기가 사라졌길 바랄 뿐이다.

이모님과 나들이

아내는 어머니가 살아 계실 때 이모님과 만나는 시간을 자주 마련했었다. 특히 외갓집 행사에는 빠지지 않고 어머니를 모시고 다녔다. 큰이모님이 계실 때는 큰이모님 댁에서 모였고, 큰이모님이 돌아가신 후 어머니가 큰언니가 되었을 때는 고재 이모님 댁에서 모였다. 아내는 모임이 있을 때마다 퇴계원 이모님을 모시고 본가에서 어머니를 태워 고재 이모님 댁으로 모시고 간다. 방학에는 연례행사처럼 이모님들과의 만남이 정례화되었다. 어머니는 방학이 되면 언제 만나는지 넌지시 물으시곤 했다. 마치 소풍을 기다리시는 것 같았다. 모임 때마다 김밥을 좋아하는 어머니와 고재 이모님, 그리고 무엇이든 잘 드시는 퇴계원 이모님을 위해 늘 김밥은 빠지지 않았다. 음식은 늘 푸짐하게 준비했다. 만남을 끝내고 헤어질 때면 이모님들은 어머니에게 하룻밤 자고 가라고 권했지만, 어머니는 아버지 저녁 걱정에 동생들의 간청을 매번 외면하셨다.

결혼 후 2년 가까이 서울에서 지내다 겨울을 끼고 시골 본가에서 반년 남짓 생활했었다. 그때 아내는 시골 생활을 통해 어머니의 참모습을 보게 된 것 같았다. 재래식 부엌에서 연탄불과 풍로로 밥을 짓고, 소죽을 끓이고, 한겨울 마을 공동 빨래터에서 맨손으로 빨래하는 어머니. 초등학교밖에 나오지 못한 어머니는 대학교를 졸업한 며느리를 맞이한 것이, 기쁨이면서도 조심스러우셨던 것 같았다. 어머니는 항상 맏며느리를 조심스럽게 대하셨고, 그 짧은 시기를 함께 보내면서 고부간의 갈등이라는 것을 보지 못했다. 새벽에 출근했다가 늦은 시각에 퇴근하면 아내는 그날 있었던 이야기를 하며, 그간 살아온 어머니의 삶을 곱씹으며 같은 여자로서 깊은 연민의 정을 느낀다고 했다. 그런 어머니에게 해 드릴 방법이 마땅치 않다는 현실이 속상하다고도 했다.

아내가 교직에 복직하면서 다시 서울로 올라와 생활했지만, 한 달이면 두세 번은 아이들을 데리고 본가에 다녀오곤 했다. 이때부터 아내는 완고한 아버지와 순종적인 어머니 사이에서 조심스럽게 어머니를 대변하기 시작했다. 특히 외갓집 행사에 참석하려면 아버지 눈치를 보며 망설이시는 어머니 편에 서서, 꼭 참석할 수 있도록 했다. 어머니는 며느리를 앞세우고 외갓집 행사에 가는 것을 좋아하셨고, 아내는 행사에 다녀오면 몸은 피곤해도 마음은 가

법다고 했다. 어머니는 자매들과 이야기 나누는 것을 좋아하셨고, 아내도 그 이야기들을 들으며 재미있어했다. 그렇게 자연스레 이모님들과의 만남이 잦아졌고, 서로도 점점 가까워졌다.

어머니가 병원에서 임종을 앞두고 계실 때, 두 이모님은 병원에 상주하다시피 하면서 어머니를 간호했지만, 결국 어머니는 떠나셨다. 어느덧 어머니가 돌아가신 지 10여 년이 흘렀다. 그동안 자연스레 이모님들과의 만남도 줄었고, 이제는 고재 이모님과 퇴계원 이모님 두 분만 남아 계신다.

아내는 어머니 생각이 나면 이모님들과 나들이하며 그리움을 달래는 것 같았다.

"퇴계원 이모님! 저예요. ○○ 아빠 발 다 나았어요. 봄에 이야기했던 홍천 가서 밤도 줍고 나들이 한번 가요. 고재 이모님께도 전화드릴게요"

아내의 말에 전화기 너머로 퇴계원 이모님이 대답하셨다.

"어머니도 안 계시는데, 조카며느리가 매번 이렇게 신경 써주니 참 고맙구나"

두 이모님은 팔순을 넘긴 나이에 홀로 계신다. 몇 차례 전화가 오가며 이번에 홍천 집으로 나들이 가는 날이 잡혔다.

올봄, 산나물이 나올 무렵 이모 두 분과 아버지, 그리고 이모님의 맏아들 이종사촌들과 함께 홍천 집에 모였었다. 토종닭을 삶고 삼겹살을 구워 직접 농사지은 야채를 곁들인 점심은 그 자체로 즐거움이었고 행복이었다. 헤어질 때 가을에 밤을 주울 때 다시 만나자고 약속했는데, 그 약속을 실천하기 위한 전화였다. 내가 여름에 예초기로 발을 다쳐 모임을 못 할 것 같았지만, 다행히 완쾌되어 모일 수 있었다. 이번에는 이모님들의 나이를 고려해 1박 2일로 하자는 아내의 제안이 있었다. 이종사촌들에게 계획을 알렸지만, 선약이 있다며 아쉬워했고 아버지도 선약이 있어 우리 부부와 두 이모님만 모이기로 했다.

두 이모님을 모시고 가는 길에 점심을 먹었다. 예상했지만 고재 이모님의 식사량은 유치원생보다 적어 보였다. 위 수술 후 식사량이 급격히 줄어든 탓이다. 가는 길에 차멀미를 심하게 하셨다. 가다 쉬고, 창문을 열고 천천히 운전해도 힘들어하셨다. 걱정하며 홍천 집에 도착하니, 포근한 가을 햇살이 반겨주고 있었다. 도착하자마자 고재 이모님은 힘드시다며 거실에 누우셨다.

퇴계원 이모님과 집 주위에서 밤을 주웠다. 이모님도 조금 줍다가 허리가 아프다며 힘들어하셨지만, 고향 송산리에서 밤 줍던 어릴 적 이야기를 꺼내셨다. 풀숲을 헤치며 밤을 줍다가 밤 가시에 찔리면서도 재미있어하셨다. 그러면서 "언니가 살아 있었다면 얼마나 좋았을까?"라고 말씀하셨다. 토실토실한 알밤을 한 되는 더 주운 후 거실로 돌아왔더니, 고재 이모님은 언제 멀미했냐는 듯이 의자에 건강한 모습으로 앉아 계셨다. 우리가 주워 온 밤을 보며 함께 줍지 못한 것을 아쉬워하시면서도 흐뭇해하셨다. 힘이 나신 듯, 고구마를 캐러 가자며 앞장서셨다. 고재 이모님의 손놀림은 물 만난 고기처럼 능숙했고 힘이 넘쳤다. 평생 일하시던 솜씨가 그대로 드러나고 있었다. 해가 뉘엿뉘엿 넘어갈 때 다 캐고 들어오셨다.

 저녁을 먹고 고구마 줄기를 까며 이모님들은 이야기보따리를 풀어놓기 시작했다. 땀 흘려 일하며 살아오신 삶의 이야기가 가득한 내용들이었다. 나는 장단을 맞추며 듣고만 있었다. 실타래가 풀리듯이 이야기는 끝없이 이어졌다. 그러나 이어지는 이야기 속에서 생각지 못했던 것이 보였다. 바로 나이 듦에 따른 외로움이었다.

 이야기가 끝난 후 고재 이모님이 고스톱을 치자고 제안하셨다. 셋이서 화투를 치고 아내는 옆에서 간식을 나르며 밤 깊어가는 줄도 모르고 새벽 1시까지 시간을 보냈다. 단연 고재 이모님이 상원이셨다. 함께 화투를 칠 수 있는 사람이 옆에 있다는 것만으로도 위안이 되는듯했다.

 이른 아침에 밭에서 인기척이 났다. 두 이모님이 어제 뜯다 남은 고구마 줄거리를 또 뜯고 계셨다. 하지 말라고 했지만 아깝다며 아침 먹을 때까지 하고 들어오셨다. 식사 후 데크에 나와 아침 햇살을 받으며 어제 못다 한 이야기를 나누는 중 퇴계원 이모님이 갑자기 언니가 보고 싶다며 울먹이셨다. 그 울음이 전염된 것일까? 고재 이모님도 덩달아 언니가 보고 싶다며 언니 산소에 가보고 싶다고 하셨다. 숙연해지는 분위기는 가을 햇살을 타고 내 마음 깊은 곳까지 스며들고 있었다. '이모님들께 남은 시간이 얼마나 될까?' 하는 생각이 들었다. 그때 이종사촌 동생에게서 전화가 왔다.

"형, 어제 함께하지 못해 죄송해요. 잘 지내셨어요?"

이모님을 댁에 모셔다드리고 집으로 돌아오는 길에 아내는 돌아가신 어머님 생각이 났는지 "어머님도 참 좋아하셨을 것 같아요"라고 했다.

나우정 이름 짓기

나우정 이름 짓기

꿈에 그리던 전원주택을 장만했다. 퇴직을 앞두고, 약 1년 동안 주말마다 아내와 나들이 겸 전원주택 자리를 찾아 발품을 팔았다. 부동산 사장이 연락하면 마다하지 않고 답사에 나섰다. 부동산 사장도 내가 뜨내기손님이 아님을 알고, 진심으로 좋은 땅을 찾아 주려고 애썼다. 마지막으로 답사한 곳이 홍천군 팔봉산 인근, 계곡을 따라 ○km 가까이 올라간 곳이다. 첫눈에 주변 환경이 그간 내가 찾던 것과 일치했다. 고즈넉하고 안온한 분위기가 마음에 들었다. 건물도 사용승인이 안 난 새집이었다. 멀리 보이는 팔봉산도 인상적이었다.

전원주택을 장만하고, 조경 공사도 어느 정도 완성되어 가고 있었다. 하루 일을 마무리하고 넘어가는 해를 바라보며 아내와 전원주택을 장만하기까지의 이야기를 나누던 중, 아내가 "이 세상에 어떤 미물도 다 이름이 있는데, 우리 집에도 이름을 지어주자"고 했다. 그동안 '홍천 집'이라고 불렸던 게 아내 마음에 들지 않았던 모양이다. 사실 그동안 주변 꾸미기에만 신경 쓰느라 이곳 이름을 지어야겠다는 생각은 미처 하지 못했다. 어떤 일이든 생각나면 곧바로 추진해야 직성이 풀리는 성격 탓에 내 이름과 아내 이름을 조합해 지어보았지만, 헛웃음만 나왔다.

아들, 며느리, 딸, 사위에게 이 사실을 알리고 좋은 이름을 지어보라고 했다. 얼마 후, 좋은 이름이라고 생각나는 것을 아내에게 얘기하면 번번이 퇴짜였다. 그때마다 아내에게 의중을 물어보면 "생각 중"이라고만 했다. 심지어 작명소에 의뢰해 볼까도 고민했었다. 아들, 딸에게 물어보면, 말 잘 듣던 녀석들도 엄마 아빠가 정하라고 했다.

퇴짜 맞은 후 아내에게 전원주택 이름에 관한 이야기는 일절 꺼내지 않았다. 한참이 지난 어느 날 저녁, 아내가 나에게 전원주택 이름을 물었다. 무언가 마음에 두고 있는 이름이 있는듯해 보였다. 그동안 내가 작명해 놓았던 이름을 보여주며, 왜 이런 이름을 지었는지 배경을 설명하는데, 어색한 이름들이었다. 할 수 없이 정공법을 쓰기로 했다. "전원주택을 당신 이름으로 샀으니, 당신 것인 만큼 당신 뜻대로 정하라"며 슬쩍 아내에게 작명을 넘겼다. 아내는 잠시 머뭇거리더니 조심스럽게 말했다.

"나, 우, 정으로 하면 어떨까요?"

"나우정? 그게 무슨 뜻인데?"

아내는 설명하기 시작했다. '나우정'은 '아름다운 벗들이 있는 곳'이라며, 이곳에 있는 풀 한 포기, 꽃 한 송이. 나무 한 그루, 새 등 모두 우리의 벗이고, 이곳에 오는 모든 사람도 우리의 아름다운 벗이란 뜻이라고 했다. 그러면서 한자로는 아름다울 나(娜)와 벗 우(友)를 쓰고, 마지막은 '정자 정(亭)'이 좋을지 '뜰 정(庭)'이 좋을지 내게 선택하라고 했다. 나우정? 처음엔 어색하게 느껴졌지만, 곰곰이 되뇌어 보니 나도 마음에 들었다. 넓은 의미의 '뜰 정(庭)'을 쓰기로 했다.

전원주택을 장만한 지 2년 만에 '나우정(娜友庭)' 이름이 탄생했다.

명패 달기

나우정(娜友庭). 이름에 걸맞게 지인들과 모임을 수시로 가졌다. 그중에 충주에서 인테리어 사업하는 후배 L도 다녀갔다. 그는 가면서 전원주택에 명패를 달면 좋겠다며 직접 명패를 만들겠다고 했다. 처음에는 단순히 우편물 배달을 위한 주소 표시 정도로 생각했으나, L은 기둥을 세우고 그 기둥에 명패를 다는 게 좋겠다고 했다.

L은 충주에 있는 100년 이상 된 건물을 철거할 때 나온 목재가 있다며, 그 나무의 원산지가 백두산이라고도 말했다. 100년 된 건물, 원산지 백두산이란 말이 흥미로웠다. 나우정 이름을 알려주고, 몇 번 의견을 주고받으며 명패 글씨를 결정했다. 명패는 자연스러운 판에 한자로 된 '娜友庭' 글씨를 붙이기로 했다.

대학교 동문들과 오전에 팔봉산을 등산하고, 나우정에서 점심을 먹기로 한 날이다. 나우정에서 등산팀 만남 장소인 팔봉산 주차장으로 출발하려는데, 낯선 화물차가 도착했다. 약속하지 않았는데 L이 기둥과 명패를 제작해 갖고 왔다. 기둥은 장정 둘이 겨우 내릴 만큼 묵직했다. 기둥과 명패를 석축 옆에 내려놓고 L은 바로 가려고 했다. 등산팀과 함께 점심을 하자고 권했지만, L은 바쁜 일정을 쪼개 왔다며 곧바로 내려갔다. 기둥은 건물 대들보로 썼던 것 같았다.

팔봉산 등산을 마친 동문들에게 기둥과 명패를 보여주며, L이 오전에 다녀갔다는 이야기를 덧붙였다. L 후배 사업이 잘되길 이구동성으로 축원하며 고마워했다. 또한 모임에서 보내준 야외 벤치에도 이름을 붙였다. 'ㅇㅇ벤치 1호와 2호'라며 앉아보라고 권했다.

점심을 먹기 위해 데크에 둘러앉았다. 누군가 건배를 권했다. 흔쾌히 잔을 들었다.

"나우정은 아름다운 벗들이 함께하는 정원이란 뜻입니다. 그러니 오늘 모임에 참석한 우리도 변하지 않는 아름다운 벗들입니다. 우리 모두 아름다운 벗을 위하여!"

참석한 20여 명이 한목소리로 "위하여!"를 외쳤다. 골짜기가 떠나갈 듯했다.

기둥 세우는 일을 혼자 하기가 버거웠고, 한편 의미 있게 아들과 함께 하고 싶었다. 아들과 며느리를 나우정으로 오라 했다. 기둥 세울 위치를 아들보고 결정하라 했다. 차량 동선과 시선 집중도를 고려해 계단 옆에 세우는 게 좋겠단다.

아침 식전, 아들과 기둥 세울 구덩이를 팠다. 땅은 단단하고 야무졌다. 아내가 아침 먹으라는 소리에 집 쪽을 보니 아내와 며느리가 내려다보고 있었다. 나는 땅을 파면서, 단순히 땅을 파는 일이었지만, 텃밭을 팔 때와는 다른 의미가 내 마음속에 자리 잡고 있었다. 그 의미를 아들, 며느리, 그리고 손자에게도 전하고 싶었다. 기둥 파는 곳으로 내려오라 했다. 기둥을 세운다는 의미도 있었다.

기둥이 외부 힘에도 꿋꿋하게 견딜 수 있도록 구덩이에 레미탈을 넣고, 기둥이 썩지 않도록 철제 받침을 설치한 후 기둥 옆에 버팀목을 세웠다. 며칠 후 버팀목을 제거하여도 기둥은 흔들림 없이 견고했다. 아내와 함께 나우정 명패를 걸었다.

나우정 명패! 우리 전원주택의 화룡점정이다.

잔디와 함께

 아내와 큰 이견이 생겼다. 집과 붙어 있는 100여 평 되는 땅을 어떻게 활용할 것인가로. 나는 농작물을 심자고, 아내는 잔디를 심자고 했다. 아내는 "귀농이 아니라 귀촌이다. 남은 땅으로도 텃밭은 충분하다"라며 나를 설득했다. 나는 잔디관리의 어려움을 설명하며, 콩 한 톨이라도 수확하는 게 낫다는 논리였다. 마치 기차 선로같이 평행선을 그었다. 며칠 후 아내는 "잔디관리가 어렵다면 잔디관리를 내가 하겠다. 손주들을 위해서라도 잔디밭이 꼭 필요하다"라며 평시 아내 모습이 아니었다. 잔디와 잡풀을 제대로 구별도 못 하는 아내가 관리한다는 것은 불가능한 일이란 것을 알고 있지만, 손주라는 말에 아내 의견에 따르기로 했다.
 잔디밭은 아내 말대로 손주가 오면 놀이터로 요긴하게 쓰였다. 잔디밭에 트램펄린, 미끄럼틀, 어린이용 이동식 축구 골대를 설치해 함께 놀기도 했다. 손주가 트램펄린 위에서 뜀뛸 때 나는 잔디 위에서 손주를 따라 흉내를 내보기도 했다. 함께 쪼그리고 앉아 잡초도 뽑고, 곤충을 잡다가 벌을 만나 혼비백산 집으로 뛰어오기도 했다. 잔디에 스프링클러로 물을 줄 때는 물줄기를 따라 뛰노는 녀석들 얼굴에는 웃음이 떠나질 않았다. 한여름에 이동식 풀장 설치는 약방의 감초였다. 가을에는 밤송이를 까고, 겨울이면 눈사람을 만들고 눈싸움도 하곤 했다. 손주 친구들이 와서 잔디밭에서 누구의 간섭도 받지 않고 소리소리 지르며 놀고, 자고 가기도 했다. 잔디밭이 없었으면 할 수 없었던 아름다운 추억들이 많기만 하다.

　잔디밭 언저리에 심은 보리수, 아로니아, 화살나무, 쥐똥나무도 많이 컸다. 석축 메지목으로 심은 영산홍과 주목도 많이 컸고, 손주 태어난 기념식수로 심은 반송은 손주 키보다 두 배는 더 되어 보인다. 어느 해 심은 목련은 화사한 꽃을 보여주고 있다. 모퉁이에 송백지무(松柏之茂)의 의미로 심은 소나무와 잣나무도 제법 컸다.

　잔디관리는 쉽지 않았다. 이른 봄부터 계절 따라 제철에 맞는 이름 모르는 잡초가 돋아나고 자랐다. 며칠 만에 서울서 내려가면 손톱만 했던 잡초가 눈에 띄게 자라 있었고, 이름 모르는 잡초가 보란 듯이 얼굴을 내밀고 있다. 제초제 유혹을 뿌리치는 게 쉬운 일은 아니었다. 해가 넘어갈 때까지 뽑아도 다 뽑지 못하고, 다음 날까지 뽑는 날도 있었다. 진드기에 노출될지 몰라 소독약을 1년에 두 번은 뿌려야 했고, 잔디도 서너 번은 깎아야 했다. 이런 일은 매년 반복되었다.

잔디관리가 고통만 있는 것은 아니다. 흐뭇함과 쾌감을 맛보기도 한다. 잡념으로 머리가 꽉 차 있을 때는 잡초 뽑는 것만큼 좋은 약은 없는 것 같다. 오만가지 상념이 사라진다. 뽑은 면적만큼 뽑을 면적이 줄어드는 단순한 진리만이 존재한다. 잔디 깎을 때 바람결에 풍기는 풀 내음은 그 순간에만 맡을 수 있는 고유의 냄새다. 그 냄새가 좋다. 더부룩했던 잔디를 깎아놓으면, 까슬까슬한 게 예뻤다.

잔디밭 석축 밑에 몇 해 전, 낯선 손님이 어디서 왔는지 왔다. 손님은 보라색을 띤 제비꽃이다. 어릴 때 보았던 반지꽃(제비꽃). 꽃말이 '순진한 사랑, 나를 생각해 주오'란 뜻이 있는 제비꽃은, 꽃말처럼 순진한 사랑같이 가녀린 꽃대에 때 묻지 않은 보라색 꽃을 할미꽃처럼 다소곳이 피웠다. 이슬을 머금고 있는 제비꽃은 영롱하기만 했다.

코로나 역병으로 지인을 초대하기가 조심스러웠고, 손자들도 초등학교 입학 후부터 나우정에 올 기회가 적었다. 잔디관리를 게을리한 틈을 타 제비꽃이 잔디 주인 행세를 하고 있다. 잔디밭 전체에 보라색 제비꽃이 지천이다. 꽃과 잎은 연약하지만, 뿌리는 야무지고 길다. 번식력은 쑥보다 더 왕성한 것 같다. 제초제에 현혹도 되었었다. 인부를 사서 뽑고 뽑았지만, 서서히 제비꽃과의 싸움에서 밀리고 있다.

'100% 잔디여야 잔디밭인가'라는 생각이 먼발치서 다가오고 있다. 앞으로 어떻게 관리해야 할지 고민이 깊어져 간다. 손주들도 앞으로 올 기회는 점점 줄어들 것이다. 제비꽃과 더불어 사는 방안을 구상하고 있다. 모든 풀과 함께 지내는 방안도 좋을 것만 같다.

들고양이

 5월 중순, 나우정(娜友庭)에도 따사로운 햇볕이 내리쬐고 있다. 모처럼 데크에서 햇볕을 쬐며 한가한 시간을 보내고 있었다. 이때 텃밭 옆 음식 쓰레기 버리는 두엄자리 근처에서 가녀린 고양이 울음소리가 들렸다. 데크에서 내려다보니 조막만 한 고양이 다섯 마리가 재롱을 부리고 있었다. 호기심이 발동하여 한걸음에 다가가자 "야~옹, 야~옹" 소리와 함께 쏜살같이 덤불 속으로 몸을 숨겼다. 그 순간 어디에 있었는지 덩치 큰 고양이 한 마리가 비호같이 나타났다. 그간 텃밭 주변에 나타날 때마다 쫓아냈던 고양이다.
 여름이 지날 무렵 새끼 고양이는 두 마리만 보였다. 그것도 털이 우중충하고 까칠해 보였다. 어미 고양이 역시 까칠했다. 그날 밤, 어두워진 후 삼겹살 몇 점과 과자 부스러기를 두엄더미 근처에 두고 들어왔다. 아침에 가보니 흔적도 없었다. 그 후, 나우정에 오면 두엄더미 근처에 먹이를 주는 일이 일상이 되었다. 아내는 내 행동을 눈치챈 듯했지만 탓하지는 않았다.

어느 날 아들에게 나우정에 뱀이 보인다고 했더니 초음파 퇴치기를 사주었다. 얼마 후 아들이 내게 초음파 퇴치기가 효과 있는지 물었다. 확실하지 않다며 애매하게 답했다. 그러자 아들은 뱀 퇴치하는 데는 들고양이가 최고라며 고양이를 기르라고 했다. 때는 이때다 싶어, 그간 아내 몰래 들고양이에게 먹이를 줬던 이야기를 털어놓았다. 들고양이가 뱀 퇴치에 효과적인지 아들에게 되물었더니, 확신에 찬 대답이 돌아왔다. 아내는 듣고 있다가 내 행동을 훤히 꿰뚫고 있었다는 듯 한마디 했다. "배고픈 짐승에게 먹이 주는 것은 이해하지만, 들짐승을 가까이했을 때 뒷감당을 어떻게 할 거냐?"고.

늦가을 데크에서 삼겹살을 굽고 있는데 고양이 세 마리가 지근거리에 와, 앉아 있었다. 크기로 보아 어미와 새끼 같았다. 새끼 두 마리 뒤에 어미가 있었다. 이렇게 근거리에서 눈 맞춤 한 건 이번이 처음이다. 내 작은 움직임에도 녀석들은 용수철 튕기듯 뒤로 도망쳤다가 다시 오곤 했다. 흰 바탕에 검은 점이 박힌 녀석을 '나미', 흰 바탕에 누런 점이 박힌 녀석을 '우미'라 이름 붙였다. 같은 날 태어났지만, 덩치로는 '나미'가 '우미'보다 훨씬 작았다. '우미'는 덩치가 어미와 비슷했으나 목덜미의 털로 구별할 수 있었다.

구운 삼겹살을 던져주었지만, 녀석들은 눈치만 보고 꿈적도 하지 않았다. 먹이를 들고 다가가니, 쏜살같이 줄행랑을 쳤다.

먹이를 데크에 주고 거실로 들어왔다. 얼마 후 '나미'와 '우미'가 왔다. '나미'는 '우미' 멀리서 먹는 것만 보고 다가오지 않았다. 망을 보는 건가? '우미'는 먹성이 좋았다. '우미'가 다 먹었는지 뒤로 물러나니까 그제야 '나미'가 먹기 시작했다. 그날 이후, 먹이를 주면서 고양이와 거리를 조금씩 좁혀나갔다. 어미 고양이는 보이지 않는 때가 많았고, 먹을 때는 항상 '우미'가 먼저였다.

영하 10도까지 오르내리는 추운 날씨. 겨울이 되면 먹이 활동이 더 어려워질 거라는 생각에 서울에서 내려갈 때 먹이를 준비해 갔다. 나우정 주차장에 도착할 즈음이면 어미 고양이가 기다렸다는 듯이 황토방 툇마루로 쏜살같이 달려오곤 했다. 어미에게 따뜻한 물과 함께 먹이를 챙겨주었다. 새끼들은 서울로 올라올 때까지 며칠 동안 나타나지 않는 날도 있었다. 자연의 섭리라며 마음을 다잡으려 했지만, 마음은 편하지 않았다. 서울에서도 '고양이들이 잘 지내고 있을까?' 하는 생각이 자꾸 떠올랐다. 산속의 짐승들이 한겨울에 물을 마실 수 있도록 계곡의 얼음을 깨주었다는 법정 스님의 일화가 생각났다.

연말연시를 나우정에서 보내기로 했다. 마침 한파 주의보가 내려 최저기온이 영하 18도에 이른다는 예보다. 산속에 있는 나우정은 이보다 몇도 더 낮을 것이다. 새벽 5시경 기온을 확인하려고 밖에 나가 온도계를 보니 영하 23도였다. 근래 보기 드문 추위였다. 집으로 들어오려는데, 지척에서 "야~옹, 야~옹" 소리가 들렸다. 고양이 소리에 랜턴을 비추어 보니 '나미'였다. '나미?' 그동안 새끼 두 마리 모두 잘못된 줄 알았는데 살아 있었구나! 반가우면서 측은했다. 먹이를 달라는 듯한 소리로 들렸다. 급하게 물과 먹이를 챙겨주었다. 아침에 보니 물은 살얼음이 얼어 있었다.

 '나미'가 긴 겨울을 견딜 수 있을까? 혹시 봄에 새끼를 낳으면 어떻게 하지? 날숨이 그대로 얼어버리는 것 같은 강추위는 언제쯤 풀릴까? 이후, 고양이 전용 먹이를 사기 시작했다. 고양이 덕분인지 쥐와 뱀은 잘 보이지 않았다. 바비큐 창고에는 고양이 먹이가 자리 잡고 있다.

멈춤의 시간

나우정 수돗가 주변에 있는 풀만 베면 오늘 작업은 끝이다. 마음이 급했기 때문일까? 순간, 예초기 날이 발을 스치고 지나간 것 같은 불길한 느낌이 들었다. 장화를 내려다보니, 왼쪽 엄지발가락 쪽 장화가 찢어져 피가 살짝 보였다. 예초기 칼날은 아무 일 없다는 듯 계속 돌고 있었다. 불길한 예감에 저녁 준비 중인 아내를 다급히 불렀다.

"여보! 예초기에 다친 것 같아. 소독약하고 붕대 좀 빨리 가져와요"

"뭐라고요? 다쳤다고요? 얼마나 심해요?"

평소보다 두 옥타브는 더 높은 목소리로 아내가 뛰어나왔다.

아내의 성격을 알기에, 통증을 참고 차분한 목소리로 아내를 진정시키려 애썼다.

"조금 다친 것 같으니 걱정하지 말아요. 보지 말고, 그냥 소독약이랑 붕대나 주고 빨리 서울로 갈 준비나 해요"

왼쪽 다리를 대시보드 위에 올려놓고 서울로 출발했다. 아내의 운전은 평소와 다르게 거칠고 속도감이 있었다. 고속도로에 진입하고 나서야 아내는 차분하며 심각한 목소리로 물었다.

"진짜 얼마나 다친 거예요?"

"몇 바늘 꿰매면 될 거야. 너무 걱정하지 마. 아픈 것보단 배가 고파"

딴청을 부리며 화제를 돌렸다. 밤 9시쯤 집과 가까운 S 병원 응급실에 도착했다.

의사는 붕대를 풀면서 다친 경위와 파상풍 예방 주사를 맞았는지 물었다. 붕대를 제거하고 소독약을 뿌릴 때 예리한 통증이 밀려왔다. 통증을 아무리 호소해도 의사는 차분하게 기계적인 말만 반복했다.

"신경 손상이 있는지 확인해야 합니다"

"그래도 조금 덜 아프게 할 수는 없나요?"

밤 11시경, 검사 결과가 나왔다. 여전히 기계적인 말투였다.

"다행히 신경 손상은 없습니다. 하지만 X-ray 촬영 결과, 엄지 발가락 두 곳이 골절되었고, 발톱 밑 뼈가 손상되어 입원하셔야 합니다"

입원? 붕대를 감고 새벽 2시쯤 입원실로 올라왔다. 침상에 누운 채 링거를 맞고 있는 상황이 어색하기만 했다.

　부기가 빠져야 수술할 수 있다며, 발을 심장보다 높게 유지하란다. 매일 링거를 맞고 채혈을 했다. 견디기 힘든 건 상처 부위를 소독할 때 몰려오는 통증이다. 가제 수건을 물고 이를 악물며 참았다. 입원 후 여드레째 되던 날, 수술 일정이 잡혔다.

"수술실에 가실 시간입니다. 이동식 침대로 옮겨 타시죠"

　마치 염라대왕 앞으로 가는 기분이었다. 뒤따라오던 아내가 걱정 어린 말을 했다.

"염려 말고 수술 잘 받고 오세요"

　수술실에 들어가자 이름과 생년월일, 몸무게 등을 물었다. 마지막에 기억에 남는 말은 "발톱 밑 뼈가 손상되어 엉덩이뼈를 떼어내 붙일 수도 있습니다"였다.

　눈을 뜨니 회복실이었다. 전날 과음한 것처럼 정신이 멍했다. 나도 모르게 엉덩이에 손이 갔다. 엉덩이는 괜찮았다. 수술실에 들어간 지 4시간 만에 나왔다.

"여보! 아빠!"

　눈을 뜨고 올려다보니 눈물이 났다. 얼마 후, 괴사 단계는 지났다며 안심해도 좋다고 했다. 입원 기간에 많은 지인과 친척들이 찾아와 주었고, 먹고 싶다는 음식을 사 온 친구도 있었다. 무엇보다 손자의 재롱이 큰 위로가 되었다. 퇴원 전날, 휠체어에 의지해 답답할 때마다 올라갔었던 하늘 공원(병원 옥상)에도 들렀다. 창경

궁을 거니는 사람 모습이 어느 날보다 여유로워 보였다.

퇴원하던 날, 담당 의사가 농담을 건네 왔다.

"아버님, 종아리가 졸지에 미스코리아 종아리처럼 되셨네요"

퇴원 후의 주의 사항과 앞으로 치료 계획을 설명받고 입원한 지 16일 만에 손목에 차고 있던 환자 인식표를 끊었다. 대신 엄지발가락에는 두 개의 철심을 삽입했고, 반깁스와 목발에 의지해야 했다.

집에 돌아와 병상일지를 보았다. 입원 기간 동안 순간순간 느낀 감정을 메모해 둔 게 있었다. '언제 퇴원할지 몰라 하염없이 병상에 누워 있는 환자와 그 가족의 마음은 어떨까? 그에 비하면 나는 나이롱환자!' '퇴원이란 희망' '조급증에 내몰린 나' '안전 불감증' '햇살이 반갑다' 등등.

'멈춰야 보인다'고 했던가. 잠시 멈춰선 시간이었다. 맏며느리로서, 엄마로서, 교사로서 나와 함께해 온 아내의 고생이 더 크게 느껴졌다. 삶의 우선순위에서 시부모가 항상 앞에 있었던 아내가 고마웠다. 입원 기간 내내 보호자용 쪽 침대에 누워 새우잠을 자는 모습이 안쓰러웠다. 잠시나마 삶을 뒤돌아볼 수 있었던 멈춤의 시간이었다.

자연산 보톡스

오늘은 올봄에 심은 나무 주변에 있는 풀을 베기로 했다. 특히 개울 건너 헛간 주변에 심은 오가피, 오미자, 비타민 나무에 마음이 더 갔다. 이 나무들은 아직 어린나무라 풀과의 싸움에서 살아남지 못할 게 뻔했다. 헛간에 갈 때마다 풀을 베어야겠다고 생각했지만, 차일피일 미루는 사이 삼복더위에 풀이 무성하게 자랐다.

아침 식전에 낫 두 자루를 숫돌에 갈아갖고 오가피나무 심은 곳으로 갔다. 풀이 무성하게 자라 오가피나무는 보이지 않고 알루미늄 지지대 끄트머리만 보였다. 지지대 주변을 낫으로 휘저어야 겨우 오가피나무를 볼 수 있었다. 오가피나무는 '왜 이제 왔느냐'는 원망과 함께 '와주어서 고맙다'는 인사를 하는 것 같았다. 오가피나무와 오미자, 비타민 나무 주변 풀을 깨끗이 베어냈다. 온몸이 땀으로 범벅되었지만, 풀 속에 묻혀 햇볕을 받지 못했던 나무들이 살았다고 하는 것 같아 마음이 가벼웠다. 몇 그루는 올봄 지독한 가뭄도 견뎠는데, 풀과의 싸움에서 고비를 넘기지 못했다. 아쉽고 미안했다. 내친김에 몇 해 전, 헛간 처마 근처에 심은 호두나무 주변 풀까지 베고 일을 마무리하기로 했다.

호두나무 주변에 있는 명아주와 개똥쑥은 내 키만큼 컸다. 개똥쑥 밑동을 베는데, 어디선가 "윙~윙~" 하는 소리가 들렸다. 풀 베던 동작을 멈추고 몸을 웅크려 소리 나는 쪽을 보았다. 불과 3~4m 떨어진 헛간 처마 끝에 내 머리통만 한 벌집이 보였고, 그 주변에 여러 마리 벌이 빙빙 돌고 있었다.

자세히 보려고 벌떡 일어서는 순간, 벌집 주변만을 맴돌던 벌들이 내 주변 가까이 와서 돌기 시작했다. 어디선가 몰려온 벌들까지 합해 벌 숫자는 수십 마리나 되어 보였다. 반사적으로 쓰고 있던 맥고자를 벗어 휘저으며 벌을 쫓아내려 했지만, 벌들은 오히려 더 많이 몰려드는 것 같았다. 하룻강아지 범 무서운 줄 모른 채 맥고자를 위아래로, 옆으로 더욱 힘차게 휘둘렀다. 윙~윙~거리는 벌들의 날갯짓 소리는 점점 더 크게 들렸고, 벌들의 움직임도 갈팡질팡예사롭지 않았다. '노봉방주라도 만들어 볼까?' 하는 생각이 스쳤을 때. 벌집에 붙어 있던 벌 한 마리가 나를 향해 저돌적으로 날아오는 게 보였다. 다가오는 벌을 향해 맥고자를 휘둘렀지만, 순간 왼쪽 눈썹 위쪽이 따끔했다. 그제야 정신을 차리고 혼비백산 집으로 줄행랑쳤다.

거울에 비친 얼굴은 땀범벅이었다. 벌에 쏘인 자리가 빨갰다. 벌에 쏘인 경험이 많았던 터라 걱정은 안 했지만, 혹시 몰라 준비해 두었던 상비약을 먹었다. 아~ 앞이 희뿌옇게 보였다. 순간 아들 친구가 벌에 쏘여 호흡곤란을 겪었던 이야기며, 얼마 전 말벌에 쏘여 사망자가 발생했다는 뉴스가 떠올랐다. 말벌은 일반 벌에 비해 독성이 70배나 더 강하다고 하는데 혹시 나도…? 땀을 식히려고 샤워를 한 후에도 여전히 앞이 선명하지 않았다. 벌에 쏘인 후유증일까? 불안감은 점점 더 커갔다. 119를 불러야 하나? 마음을 안정시키고 거울을 보았더니 안경을 쓰고 있지 않았다. 다행이다 싶으면서도 벌에게 쏘여 혼비백산 도망친 내 모습이 우스웠다. 집까지 100m쯤 되는 거리를 어떻게 왔는지조차 기억나지 않았다. 임시로 헌 안경을 쓰고 거실과 화장실을 샅샅이 찾아보았지만, 안경은 없었다. 찬찬히 기억을 되돌려 보니 벌에 쏘일 때 맥고자로 안경을 쳐서 떨어트린 것만 같았다.

잃어버린 안경과 통증으로 마음이 편치 않았다. 우선 안경을 찾아야겠다는 생각에 벌에 쏘이지 않도록 온몸을 감싸고, 에프킬라 한 통을 들고 집을 나섰다.

왔던 길을 따라가며 안경을 찾았으나 없었다. 벌에 쏘였던 장소에 왔더니 벌들의 움직임은 여전히 예사롭지 않았다. 몇 마리는 벌집 주변을 맴돌고 있었고, 대여섯 마리는 벌집에 붙어 나를 쳐다보며, '왜 또 왔느냐?' 하는 것 같았다. 낮은 자세로 당시 상황을 떠올리며 안경을 찾았지만, 곧바로 돌아와야만 했다. 벌에 쏘이지 않으려고 우의를 입고, 얼굴에는 투명 비닐을 쓰고, 미나리 장갑을 착용했더니 숨쉬기가 힘들고 흐르는 땀으로 더 있을 수가 없어 곧바로 돌아와야 했다.

쏘인 자리 주변이 500원짜리 동전 면적만큼 벌겋게 부풀어 올랐다. 안경을 찾는 것도 문제지만 벌집을 어떻게 할 것인가도 더 문제였다. 앞으로 헛간에도 자주 가야 하고, 벌만 보면 벌벌 떠는 아내와 손자를 생각하니 벌집을 떼어내어야만 했다.

밤에 통증으로 잠을 설쳤다. 다음 날 아침 거울에 비친 얼굴은 찌그러져 있었다. 이마는 보톡스 맞은 것처럼 팽팽했다. 전날과 똑같은 차림에 한 손에는 에프킬라, 다른 손에는 큰 매미채를 들고 나섰다.

헛간 측면에서 몸을 최대한 낮추고 벌들이 눈치채지 못하게 살금살금 다가갔다. 대여섯 마리 벌이 여전히 보초를 서고 있었다. 벌들이 눈치채지 못하게 삽시간에 떼어내야 했다. 매미채 안에 갇힌 벌들은 뻐걱뻐걱, 소리를 내며 난리다. 안경과 낫은 호두나무 저편 풀숲에 나뒹굴어져 있었다.

'자연산 보톡스 맞은 얼굴'이라며 친구들에게 사진을 보내자, 웃음 섞인 답장이 쇄도했다. 자연산 보톡스로 잠시 사라졌던 이마에 주름은 며칠 만에 제자리를 찾았다. 겁 없는 하루였다.

고라니와의 조우

나우정 계곡 건너 아로니아밭 근처에서 어제 저녁때 고라니 울음소리가 간헐적으로 들렸다. 동트기 전, 그곳에서 울음소리가 또 들렸다. 발정기 때 산이 떠나갈 듯 "꽥~ 꽥~" 우렁차게 우는 소리와 결이 다르고, 아로니아밭 근처 한 장소에서 계속 우는 것도 이상했다. 하지만 그곳에는 고라니에게 피해 입을 것이 없어 별다른 신경이 쓰이지는 않았다.

텃밭에 심은 농작물에 고라니가 해마다 피해를 주었다. 고라니 퇴치를 위해 그동안 솔라등을 설치하기도 하고, 냄새에 민감하다고 하여 소독제의 일종인 크레졸을 병에 담아두기도 했었다. 그러나 고라니는 영리했다. 참다못해 텃밭 외곽에 고라니 망을 설치했더니 효과가 있는듯하더니, 어느 해는 망을 뛰어넘어 들어와 모종으로 심은 쌈 채소며 고구마 순을 모두 먹어 치우기도 했었다. 고라니를 100% 막을 방법은 좀처럼 찾기 어려웠다. 행정관서에서 수렵 기간에 고라니를 잡으면 일정 금액을 지급해 개체수를 조절하고 있으니 그나마 다행이다.

아침 먹고 여유를 즐기는데, 또다시 고라니 소리가 그곳에서 들렸다. 뭔가 이상하다는 생각에 소리 나는 곳으로 향했다. 그곳에 가까이 갔을 때, 무언가 산 쪽으로 도망치는 듯한 소리와 함께 작은 나뭇가지가 흔들리고 있었다. 혹시 멧돼지가 아닐까, 순간 섬뜩하고 겁이 나 걸음을 멈추고 주위를 살폈지만, 주변은 조용했다. 나뭇가지가 흔들렸던 곳으로 가보았다. 처음 보는 광경이다. 등에 희끗희끗한 반점이 있는 고라니 새끼 세 마리가 있었다. 새끼들은 여기저기 흩어져 있었고 비릿한 냄새와 붉은 체액도 보였다. 새끼들은 인기척에 놀란 듯, 휘청거리며 일어서려고 안간힘을 썼지만, 제대로 일어서지 못했다. 순간 없애야 할까, 데려와 키워야 할까, 아니면 그대로 두어야 할까? 여러 생각이 들었다.

이놈의 어미가 그동안 농작물을 뿌리째 뽑아 먹었을 것이고, 이놈들 역시 자라면 농작물에 피해를 줄 것을 생각하니 당장 없애는 게 맞았다. 그러나 가까운 거리에서 어미가 나를 지켜보고 있을지도 모른다는 생각이 들자, 마음이 흔들렸다. 새끼 고라니 눈과 마주치는 순간, 손자 눈동자를 보는 것 같았다. 애써 가꾼 농작물이 망가져 치밀었던 화도 어디론가 사라져 버렸다.

어릴 때 비둘기 둥지에서 새끼를 꺼내와 길렀던 일이 생각났다.

보송보송한 잔털이 돋아난 새끼 두 마리를 꺼내 오자 어머니께 얼마나 많은 꾸지람을 들었던가? 물에 불린 콩을 잘게 잘라 입에 넣어주며 키웠다. 그중 한 마리가 죽어 밭 언저리에 묻어주며 울었던 기억이 있다. 다행히 남은 한 마리는 잘 자라 울타리에 앉아 있다가도 먹이를 주려고 하면 날아와 받아먹곤 했었다. 그러나 얼마 뒤 그마저 돌아오지 않아서 울었던 기억도 났다. 새끼 고라니를 데려오지 않는 게 맞는 것 같았다.

새끼 고라니를 만져보고 싶었지만, 초등학교 때 기르던 토끼가 새끼를 낳아 귀여운 마음에 만졌더니 어미가 물어 죽였던 일이 떠올라 조심스러웠다. 새끼들은 안간힘을 다해 일어서려다 넘어지기를 반복했다. 나를 어미로 착각하는 것 같아 안쓰러웠다. 빨리 자리를 비켜주는 게 답인 것 같았다.

데크로 돌아오며 생각했다. 어린 시절이었으면 새끼를 집으로 데리고 왔을 것 같았다. 그러나 지금은 그렇지 않았다. 나이 때문인 것 같았다. 오늘 비 예보가 있는데 새끼들이 무사할지 걱정이 되었다.

얼마 후 기다리고 기다리던 비가 오기 시작했다. 고라니가 있던 곳에서 10여m 떨어진 헛간에 잠깐 볼 일이 있어서 갔더니, 어제처럼 산으로 도망치는 소리가 들렸다. 꾹 참고 일을 마치고 돌아왔다.

밤이 되면서 비는 점점 세차게 내리더니 폭우로 변했다. 가뭄이

해갈될 것 같아 마음은 놓였지만, 폭우 속에서 비를 맞으며 오들오들 떨고 있을 새끼와, 비를 막아주려 애쓰고 있을 어미를 생각하니 한편으론 마음이 편치 않았다. 우산이라도 설치해 주고 좋아하는 고구마 줄기라도 놓아주었으면 좋았을 텐데 하는 아쉬움이 났다.

밤새 많은 비로 계곡 물소리가 요란했다. 아침에 큰 우산을 들고 나섰다. 고라니가 있을까, 아니면 없을까, 혹시 잘못된 것은 아닐까? 고라니는 보이지 않았다. 고라니가 태어난 곳은 부직포로 멀칭한 곳이다. 짧은 만남이었지만 새끼들에게 정이 들었던지, 서운함과 홀가분함이 교차했다.

자연으로 돌아가 적응하며 자라는 것이 순리임을 알면서도, 우산을 씌워주거나 고구마 줄기를 챙겨주려 했던 내 마음이 옳았을까? 귀소 본능이 있다는 고라니들, 내년에 우리 밭에 또 오려거든 산삼이라도 한 뿌리 물고 왔으면 좋겠다.

새와 함께

 나우정에서 듣는 새소리는 계절 따라 다양하고 의미도 다르다. 산길을 거닐 때나 텃밭에서 일할 땐, 친구 같기도 하고, 초저녁에 들리는 소리는 하루 피로를 풀어주는 것 같기도 하다. 새소리 중 동틀 무렵, 2층 침실에서 손 뻗으면 잡힐 것 같은 소나무에서 우는 소리가 으뜸이다. 이른 아침 듣는 소리는 청량함에 생동감마저 주곤 한다.
 어느 날 욕심이 생겼다. 새집을 만들어 소나무에 걸어놓으면 새소리를 더 많이 들을 수 있지 않을까 했다. 쓰다 남은 널빤지로 새집을 만들었다. 멀리서 보면 그럴듯해 보이지만 가까이서 보면 어설프기 짝이 없는 불량 주택 같았다. 바닥, 지붕, 뒷면은 나름대로 모양을 갖추었지만, 새가 드나들 입구와 양옆이 엉성해 문지방이 없는 집처럼 내부가 훤히 들여다보였다. 새가 오길 바라는 마음으로 소나무에 걸어놓았다.

 몇 주가 지나도 새가 왔다 간 흔적이 없었다. 유인책으로 우유팩에 먹이를 담아 새집 근처에 두었으나, 이도 마찬가지였다. 새집이 바람에 흔들려 오지 않는 게 아닐까 싶어 바람 영향을 안 받는 데크 난간 끝으로 옮겨놓았다. 그러나 가을이 지나도 새는 오지 않았고, 어느새 새집에 대한 관심도 줄어들었다. 그렇게 겨울이 지났다.

 봄날, 나우정에서 아내와 올해 텃밭에 무엇을 심을지 이야기하는데 난간 끝에 둔 새집이 눈에 들어왔다. 새집 앞면 문이 검불로 막혀 있었다. 쥐가 집을 지은 것 같아, 옥수수 농사에 피해를 준 쥐에 대한 보복 심리가 작용했는지 한걸음에 달려가 검불을 망설임 없이 꺼내 버렸다. 바로 그 순간, 새 두 마리가 소나무 가지에서 울기 시작했다. 날개를 파닥이며 온몸으로 울어대는 모습에 무언가 크게 잘못됐다는 생각이 들었다.

 거실로 들어와 새의 움직임을 지켜보았다. 박새였다. 한동안 소나무 위에서 어찌할 줄 모르고 울던 박새는 새집 있는 곳으로 내려와 오른쪽 터진 곳으로 집 안으로 들어갔다가 쏜살같이 나왔다. 밖으로 나온 새는 소나무 위에 있는 다른 새에게 다가가 다시 울기 시작했다. 한참을 울던 새들은 새집 문턱 앞으로 내려와 집 안을 확인하려는 듯, 문 앞에서 움찔거리며 망설이기만 했다. 그러길 얼마 동안 하다가 집 안으로는 들어가지 못하고 허공으로 엉켜 올라갔다가 내려왔다 하다가 시야에서 사라졌다.

거실에서 나가 꺼낸 검불을 하나하나 살펴보았다. 닭털과 새 깃털, 풀뿌리와 볏짚 등으로 만든 보금자리였다. 보드라운 깃털이 있는 것을 보니 집을 다 만든 게 분명했다. 알이 없는 게 그나마 천만다행이다 싶었다. 서울로 올라오면서 집 장만하기까지 겪었던 어려운 이야기를 아내와 나누었다. 결혼 5년 차, 연탄보일러에서 중앙난방 아파트로 이사하던 날에 있었던 일을 아내가 말했다.

"애가 한 명인 줄 알았는데, 왜 2명이냐? 2명인 걸 알았다면 세를 주지 않았을 거다"라는 집주인 말이 그렇게 서러웠다고 했다. 그 후에도 불쑥 찾아와 "집을 곱게 쓰라"는 말을 들을 때마다 자존심이 상하고 힘들었다고 했다. 당시 고단한 삶을 버티는 방편은, 분양받은 아파트 건설 현장을 찾아가는 게 다였다고 했다. 건물이 완성되어 가는 모습에 뿌듯함을 느꼈다고 했다. 이야기가 끝나갈 무렵 오늘 있었던 새집 이야기를 하려 할 때, 아내는 내 입을 막았다.

그해 겨울, 맑은 날씨인데 오후에 대설 경보가 발효되었다. 평소엔 제설 작업으로 골칫거리였던 눈이었지만, 눈이 보고 싶었다. 밤에 몇 번이나 밖을 내다봤지만, 눈은 내리지 않았다. 그러나 아침에는 온 천지가 하얗게 변해 있었다. 데크로 나가니 발등까지 눈이 덮였다. 쾌청한 날씨에 콧구멍이 뻥 뚫리는 것 같았고, 귀가 떨어질 것 같은 날씨였다. 2009년 설 때 폭설로 고속도로(경부고속도로 안성 부근과 서해안고속도로 당진 부근)가 막혀 곤욕을 치렀던 기억이 주마등처럼 스쳐 지나갈 무렵, 소나무 가지에서 새소리가 처연하게 들렸다. 무언가, 무언가를 주고 싶었다. 거실로 들어와 '쌀로 만든 과자'를 잘게 부숴 유리창 가까운 곳에 눈을 치우고 뿌려주었다. 얼마 지나지 않아 새 한 마리가 날아왔다. 박새였다. 두리번거리며 몇 번 쪼아 먹더니 어디론가 날아갔다. 잠시 후 박새 한 무리가 소나무에 모여들어 무언가를 이야기하는 듯했다. 한 마리가 먼저 내려와 먹이를 먹기 시작하자, 나머지도 내려왔다. 일곱 마리였다.

봄날 난간 끝에 둔 새집에 작은 검불 몇 개가 또 보였다. 지난해처럼 실수 하지 않겠다는 생각에, 거실로 들어와 보니 이번엔 곤줄박이가 입에 무언가를 물고 들락날락하고 있었다. 서울에 올라갔다가 며칠 뒤 내려와 보니 새집 앞문이 지난해와 같이 검불로 막혀 있었다. 새집 근처에는 얼씬도 하지 않았다.

다시 서울에 올라갔다가 내려와 보니, 어미 새가 먹이를 물고 좁은 틈으로 들어가고 있었다. 호기심에 살짝 들여다보았더니 솜털 몇 개 있는 새끼 세 마리가 '찍찍' 소리를 내며 입을 벌리고 있었다. 소나무 위에서 어미가 불안한 듯 울고 있었다. 어미는 먹이를 물고는 곧바로 집으로 들어가지 않고 두세 번 자리를 옮겨 주변을 확인한 후에야 들어갔다. 나올 때는 하얀 똥을 물고 나왔다. 비가 억수같이 퍼붓는 날에도 어미와 아비 새는 쉬지 않고 먹이 활동을 이어갔다.

얼마 후 빈 둥지였다.

탁란의 아픔

5월 초, 예년처럼 고추와 여러 종류의 쌈 채소 모종을 텃밭에 심었다. 비록 돈으로 따지면 몇 푼 안 될지 모르지만, 노지 상추에서만 맛볼 수 있는 쌉싸름한 맛과 한입 가득 먹을 때의 만족감을 상상하니 부자가 된 듯 뿌듯했다.

땀을 식히려 잠시 데크 간이 의자에 앉아 망중한에 들었다. 산새들의 지저귐은 가끔 들리는 풍경 소리와 어우러져 더 정겨웠다. 아! 올해도 곤줄박이가 둥지를 튼 모양이다. 분주히 들락거리는 모습이 보였다. 몸이 노곤해져 잠시 눈을 붙였다가 깨어나니 몸이 한결 가벼웠다.

문득 취나물이 생각나 뒷산으로 올라갔다. 땅을 비집고 올라온 갓난아이 손바닥만 한 취나물과 돌나물이 여기저기 얼굴을 내밀고 있었다. 저녁때 먹을 만큼 한 줌 뜯었다. 손끝에 배어든 취향이 향긋했다. 발길을 여름마다 자주 찾던 계곡 쪽으로 옮겼다.

 나뭇가지 숲을 헤치며 계곡에 다다랐을 무렵, 비탈면 풀숲에서 새 한 마리가 푸드덕 날아갔다. 순간 움찔했다. 호기심에 새가 날아간 곳을 살폈다. 경사면 돌 틈, 움푹 들어간 곳에 작은 새집이 있었다. 지난해 자란 풀이 처마처럼 새집을 가리고 있어 비를 피할 수 있는 좋은 장소였다. 작은 종지 크기만 한 새집 안에 새알 네 개가 있었다. 얼핏 보아도 알 크기가 확연히 달랐다. 세 개는 흰색으로 알이 작았고, 하나는 갈색 반점이 있으며 다른 것보다 컸다. 한 어미의 알이 아닌 뻐꾸기가 탁란한 거였다.

 몇 해 전 뻐꾸기의 탁란(托卵) 영상을 TV에서 본 적이 있었다. 탁란을 당한 어미 새는 참 가여웠고, 뻐꾸기는 한없이 미워 보였다. 그날 영상 속 뻐꾸기는 뱁새가 잠시 자리를 비운 사이, 슬쩍 둥지에 들어가 뱁새알 하나를 없애고 자신의 알을 낳아 알 수를 맞춰 놓았다. 뱁새는 남의 알인지도 모른 채 며칠을 품었고, 부화한 뻐꾸기 새끼는 뱁새알을 둥지 밖으로 밀어냈다. 부화한 뱁새 새끼가 있으면 뱁새 새끼를 둥지 밖으로 떨쳐내어 둥지를 독차지했다. 그런 뻐꾸기 새끼를, 뱁새는 오직 어미라는 본능으로 지극정성으로 키웠다.

 앞으로 그렇게 될 상황을 지켜보고 있었다. 어떻게 하면 좋을까? 망설이다가 사진 찍고 내려왔다. 탁란 사진을 친목 모임 대화방과 시인 한 명에게 보냈다. 짧은 시간에 여러 의견이 달렸다.

나. 방금 산행 중 새 한 마리가 홀연히 날아간 곳. 그곳엔 알이 네 개. 그중 한 개는 뻐꾸기알. 탁란의 현실을 보니 어미의 마음이 짠하네. 뻐꾸기를 미워해야 할까?

A. 배은망덕보다 더 나쁜(못된) 것입니다. 하지만 또 다른 강자의 내정간섭, 못 본 거로 하세요.

B. 못 봤으면 모를까 보고서도 못 본체하면 얌체 짓을 용인하는 거잖아요. 정의를 실현하세요.

A. 그렇다면 뻐꾸기는 조상에게 물려받은 종족 번식 방법을 바꿔야 하나요?

C. 애쓰십니다. 남의 일에 너무 관심이 많으시네요. 그냥 지들대로 살게 냅둬요. 행님들 씰데없는 데 마음 쓰지 말고 편히 보내시기요. 자연 그대로.

B. 그러니 형한테 들키지 말았어야지.

D. 오늘따라 뻐꾸기 소리가 처량하네요. 그냥 냅둬요. 오늘은 어린이날. 손주들 많이 사랑해 주세요.

E. 자연의 섭리와 '정의란 무엇인가?'라는 인간의 잣대가 충돌하고 있는 것 같은데 행님들 의견은 '자연의 섭리' 쪽일 것 같아요.

F. 생존의 방식에 정의가 있을까요?

D. 크~ 찾아보겠습니다.

E. 뻐꾸기는 자기 종족 보존을 위해 정의롭지 못한 수단을 사용하는 나쁜 새! 인간의 잣대로 보면요.

G. 기생 조 뻐꾸기. 숙주 새 뱁새. 그렇게 타고난 새들만의 범아일체.

H. 오늘은 어린이날. 그렇기 때문에 '정의 구현'에 한 표. 후손들에게 저래도 된다는 것을 물려줄 수는 없으니까요.

I. 뻐꾸기는 본능에 충실할 뿐. 누가 시킨 것도 아닙니다. 그대로 놔두세요.

J. 네가 알을 낳았니? 그대로 놔둬라.

K. 얼마 있다, 뻐꾸기는 저 멀리 날아갈 겁니다. 우리나라로 찾아와 형님 계신 곳으로 찾아간 것도 대견한데, 놔두세요.

L. 탁란이란 게 비단 뻐꾸기뿐인가? 때론 사람도 그러는데, 놔둬라.

M. 당장 없애야 합니다.

나. 내일 서울에 올라갑니다. 10일 후에 다시 올릴게요. 그때는 어떻게 변해 있을까?

시인은 시(詩)를 보내왔다.

탁란 – 산속, 품기 좋은 곳에, 자그마한 새집 하나/ 동그란 알이, 몇 개 기대어 있다/ 하늘은 알고 있다, 하나는, 크고 다르다는 것을/ 어쩌면 자연스런 모습이겠지만, 자신의 알은, 모두 밖으로 쏠려 나가고/ 누군지도 모를, 아기 새를 키우는 어미 새/ 아둔한 머리보다는, 지독한 모정이, 차라리 가슴을 아리게 한다/ 어느 날 날갯짓으로, 훌훌 털어버릴 날/ 지난날들의 우둔함을, 그렇게 어리숙하게 잊고 싶다/ 새 한 마리 푸드득 하늘 높이 날아오른다.

서울에 있는 동안 궁금증이 떠나질 않았다. 뻐꾸기알은 부화에 9일, 뱁새알은 14일이 걸린단다.

10일 후 나우정에 도착하자마자 뒷산으로 달려갔다. 숲은 더 짙어지고 취나물도 제법 자랐다. 새집에 가까워질수록 가슴이 뛰었다. 어미 새가 푸드덕 날아갈 거라 예상했지만, 주위는 조용하기만 했다. 어미가 자리를 비운 건가 싶었는데, 예상치 못한 일이 나타났다. 작은 알 세 개는 온데간데없고, 뻐꾸기알은 부화가 진행되다 깨져 있었다. 알 속에서 뻐꾸기 형체 일부가 보였다. 어떻게 된 건지 정리되지 않았다. 들려오는 것은 뻐꾸기 울음소리뿐. 오늘따라 "뻐~어꾹, 뻐~어꾹" 소리가 자식에 대한 그리움인지, 어미로서 다하지 못한 죄책감에서 우는 소리인지….

마음이 편치 않았다.

날지 못하는 반딧불이

나우정의 한낮 열기는 참으로 대단했다. 모처럼 더위를 식힐 겸 저녁 먹고 다슬기 잡으러 홍천강에 가겠다고 했더니, 아내가 극구 말렸다. 얼마 전 뉴스에서 다슬기를 잡다 사고 난 이야기를 들었다며, 그것도 밤에 혼자 가는 건 위험하다며 가지 말란다. 아내를 안심시키고 집을 나섰다.

집에서 큰길까지 나오는 왕복 1.5차선 비포장도로, 주변은 어둠에 묻혀 캄캄했다. 들리는 건 동네 어귀 논에서 울어대는 개구리 소리뿐. 시끄럽기보다 정겹다. 큰길로 나와 민박집이 모여 있는 쪽으로 향했다. 그곳은 강폭이 넓고 수심이 깊지 않으며 흐름도 완만해 여러 번 다녔던 장소다.

잘 알고 있는 민박집 주차장은 예상과 달리 텅 비어 있었다. 차 소리에 허겁지겁 나온 주인은 나를 보더니 어떻게 왔냐고 묻더니,

살길이 막막하다며 한숨을 내쉬었다. 코로나 때문이란다. 이 민박집은 이곳에서 잘 알려진 곳으로 주말이면 주차장이 꽉 차는 집이다. 그러나 텅 빈 주차장을 보니 내 마음도 가볍지 않았다. 손님인 줄 알고 나온 주인에게 다슬기 잡으러 왔다는 말이 쉽게 나오지 않았다. 잠시 머뭇거리다가 다슬기 잡으러 왔다고 했더니, 사람들이 다슬기라고 생긴 건 다 잡아가서 씨가 마를 것 같다며 안타까워했다. 강 쪽은 캄캄하기만 했다.

가슴까지 올라오는 가슴 장화를 신고, 아크릴로 직접 만든 A3 크기의 다슬기 수경, 다슬기 넣을 망을 허리춤에 차고 헤드랜턴을 켜고 강으로 향했다. 가는 내내 살길이 막막하다는 말이 마음에 걸렸다. 크게 자란 갈대를 피해 한참을 걸었다. 이게 웬일일까? 강에 다가갈수록 강가에 텐트 불빛이 하나둘씩 보이기 시작했다. 요즘 차박이 유행이라더니 야영하는 차량과 텐트들이 즐비했다.

강으로 들어갔다. 수경을 물 위에 올려놓고 다슬기를 찾았지만, 예년과 달리 어쩌다 보이는 다슬기도 작은 것만 보였다. 몇 해 전엔 굵은 다슬기가 눈에 띄었는데, 보물찾기하듯 돌을 들추고 또 들춰도 물고기만 놀라 줄행랑을 친다. 한참 만에 겨우 한 마리를 잡을 정도였다. 작은 다슬기라도 잡고 싶은 충동이 일었지만 참았다.

잠시 쉴 겸 물속에 주저앉았다. 다슬기를 찾기 위해 물속만 응시하느라 미처 보지 못했던 불빛 수십 개가 강줄기를 따라 수면 위에 반짝이고 있었다. 헤드랜턴을 착용한 사람들이 머리를 숙였다 들었다 할 때, 손에 든 랜턴 불빛 방향이 바뀔 때마다 작은 불빛들이 나타났다 사라졌다 하기를 반복했다. 꼭 어렸을 때 보았던 반딧불이 같았다. 전깃불도 없던 어린 시절, 초여름 캄캄한 밤하늘에 1년 중 며칠만 반짝이는 빛을 내며 허공을 날던 작은 벌레들이 있었다. 신기하기만 했던 반딧불이. 빛이 보이는 날이면 맨손으로 잡으려 손뼉 치며 쫓아다니곤 했었다. 잡힐듯하면서도 쉽게 잡히지 않는 그 불빛이 논 가운데로 날아가 멀어지면, 그 자리에 멈춰 서서 아쉬워했던 기억이 생생했다.

물 위에 떠 있는 반딧불이, 날지 못하는 반딧불이 같았다. '날지 못하는 반딧불이!' 나 역시 그 무리 중 한 마리일지도 모른다는 생각이 들었다. 다슬기 몇 마리 더 잡는다고 대수겠는가? 다슬기 잡는 것도 잊고, 가슴속에 간직했던 반딧불이를 찾으려는 듯 물속에서 편안하게 앉았다.

맑은 서쪽 하늘에 초승달이 떠 있고, 가끔 들려오는 소쩍새 울음소리, 유유히 흐르는 강물은 다툼 없이 그저 여유롭기만 했다. 평온함 속에서 어느새 지난 시간을 되돌아보게 되었다. 이제는 고희에 가까운 나이가 되었지만, 동네 친구들과 왕숙천에서 다슬기를 잡던 추억은 엊그제 일처럼 생생하다. 왕숙천에서 잡아 온 다슬기에 소금을 조금 넣고 삶아 동생들과 둘러앉아 빼먹던 모습이며, 짭조름한 맛이 아직도 입가에 맴도는 듯했다.

얼마의 시간이 흘렀을까? 헤드랜턴 불빛에 날벌레들이 모여들어 안경테와 입가에 달라붙기 시작했다. 서너 개의 랜턴 불빛이 내게로 다가오는 느낌이 들어 고개를 돌려보니, 그들이 말을 걸어왔다.

"안녕하세요. 어디서 오셨어요? 많이 잡으셨어요?"

"바로 근처에 살고 있어요. 한 줌 정도밖에 못 잡았네요. 많이 잡으셨네요"

그들의 다슬기 망은 제법 묵직해 보였다. 내 가슴 장화와 수경에 관심이 있는듯했다. 내가 많이 잡았다는 말에 화답이라도 하듯 그중 한 사람이 망을 열어 보여주었다. 순간 말문이 막혔다. 민박집 주인 말대로 다슬기라고 생긴 것은, 모조리 쓸어 담은듯했다. 그냥 지나치려는데, 한 사람이 내게 유용한 정보를 주려는 듯 덧붙였다.

"이런 것으로 국물 내면 참 좋아요"

"국물 내면 좋긴 하지만, 그렇게 작은 것까지 잡으면 벌금을 물 수도 있어요"

"그런 법도 있어요?"

그들이 떠난 뒤에도 "국물을 내면 좋다"는 말이 목에 가시처럼 걸렸다. 과연 다슬기 국물을 위해서 왔을까? 저들 역시 나처럼 옛 추억을 그리워하며 피로한 몸과 마음을 달래러 왔을 텐데, 괜스레 무안을 준 것 같아 미안하기도 했다. 한편, 반딧불이 애벌레의 먹이가 다슬기인데 이렇게 무분별하게 잡는다면, 환경오염으로 반딧불이가 사라져 가듯이 '날지 못하는 반딧불이'마저 사라지지 않을까? 하는 걱정이 들었다.

소쩍새는 밤이 깊어가는 줄 모르고 울고 있다.

반딧불이는 일명 개똥벌레라고도 불리며, 알에서 약 한 달 후에 애벌레로 부화한다. 애벌레는 약 250일간 다슬기나 우렁이 등을 먹이로 삼으며 여섯 번의 탈피 과정을 거쳐 성장한다. 다 자란 애벌레는 땅으로 올라와 번데기로 있다가 6월 하순경 성충이 되어 빛을 발하는 반딧불이가 된다. 성충은 약 2주 동안 빛을 내며 짝짓기를 하고 알을 낳은 후 생을 마감한다. 최근에는 환경오염으로 대부분의 서식지가 파괴되어 반딧불이가 멸종 위기에 처해 있다. 현재 전북 무주군 설천면의 반딧불이와 다슬기 서식지가 천연기념물 제322호로 지정되어 있다.

2023년 식목하기

아내의 말에 단단한 심이 박혀 있었다. "여보! 올해 또 나무 심으려고 해요? 앞으로 나무 심는 데 한 푼도 쓰지 않기로 했잖아요" 그 말에 꿀 먹은 벙어리가 되었다. 속으로 '쓸데없는 말을 또 했구나'라며 넘겼다.

13년 전, 홍천에 전원주택(나우정)을 장만한 이후, 매년 봄이면 유실수와 관상수 등을 심고 가꿔왔다. 그렇게 심은 게 50여 종이 넘었고, 들어간 돈을 따져보면 소형차 1대 값 이상이 훨씬 넘는다. 그러나 결과는 신통치 않았다.

그간 심은 유실수는 감, 아로니아, 보리수, 살구, 매실, 대추, 자두, 포도, 머루, 천도복숭아, 배, 사과, 꾸지뽕, 블루베리, 오디, 오가피, 호두, 밤나무, 앵두나무, 체리 등 20여 종이 넘는다. 나무를 심을 때마다 맘속에는 과일이 주렁주렁 달릴 모습이 그려졌지만, 현실은 그저 초라할 뿐이었다. 심은 나무 중 절반 이상은 죽었고, 어떤 나무는 흔적조차 없이 사라졌다. 관리가 미숙했던 탓도 있지만, 판매상의 달콤한 말에 현혹되어 심었던 나무가 죽었을 땐, 더 속상했다. 그중에서도 특히 감나무가 기억에 남는다. 내한성으로 개량된 품종이라는 말에 거금을 주고 농원에서 세 그루를 샀다. 승용차에 실을 수 없어 별도 차량으로 운반했다. 이듬해 겨우 감 두 개만 달랑 남기고 죽었다. 체리는 꽃만 피고 한 번도 열매를 수확하지 못했다. 유행 따라 심었던 아로니아도 대표적인 실패작이다. 아로니아 묘목 100주를 심었지만, 떫어서 생과로는 먹기 힘들다. 매실은 꽃만 피우고 봄추위 때문에 열매를 맺지 못했다. 배는 익을 때쯤 물까치들이 영악하게 봉지를 찢어 먹어버리기 일쑤다. 천도복숭아는 벌레가 왜 그리 많은지….

　나물용으로 심은 오가피, 다래, 두릅, 엄나무, 가죽나무, 화살나무 등은 비교적 잘 자랐다. 나무순을 채취해 데치고 말려 작은 비닐 팩에 담아 방문하는 사람들에게 하나씩 나눠주는 재미는 쏠쏠했다. 하지만 두릅은 수확 시기에 '올해는 주인도 먹어봅시다'라는 글을 나무에 걸어둘 정도로 남의 손을 타기도 했다.

　조경수로 심은 나무들은 제 몫을 다하고 있다. 반송, 주목, 메타세쿼이아, 쥐똥나무, 불두화, 목련, 꽃사과, 박태기, 회양목, 단풍나무, 개나리, 산수유, 영산홍 등이 서로 어깨를 맞대며 있어, 이

식하거나 간벌해야 할 정도가 되었다.

 버섯에 꽂혀 겨울에 참나무를 베어 봄에 표고버섯과 느타리버섯 종균을 넣기도 했지만, 생각처럼 되지 않았다. 연못에 연을 심은 것도 마찬가지다. 연을 고생하며 100kg 심었지만, 이듬해 연못 가득 채웠던 연꽃은 해마다 줄어들더니 요즘은 흔적도 없다. 경동시장에서 사다 심은 도라지, 당귀, 더덕, 방풍, 잔대, 명이 등도 제대로 자라지 않았다. 산에 심은 돼지감자는 매년 멧돼지에게 진상품이다.

 지난해 봄, 더 이상 나무를 심지 않겠다고 아내에게 백기를 들었다. 인터넷에서 포포나무가 눈에 들어오자, 약속을 잊고 또 심고 싶은 충동이 일었다. 포포나무는 영하 30도에서도 견디고 과일 맛도 뛰어나다는 말에 아내에게 얘기했더니, 나무 심는 데 한 푼도 쓰지 않겠다는 약속을 잊었냐고 했다. 꿀 먹은 벙어리가 되었다.

 손자와 역사 관련 TV를 보는데, 손자가 "할아버지, 올해 산딸나무 심을 거예요?"라고 물었다. 산딸나무? 초등학생인 손자가 산딸나무를 어떻게 알까? 지난해 헌인릉에 갔을 때 심기로 약속했단다. 순간 지난해 손자와 헌인릉에 갔던 기억이 떠올랐다. 메모장을 찾아보니 지난 지방선거 날 손자를 데리고 아내와 함께 헌인릉에 갔었다. 메모장에 '산딸나무'라고 쓰여 있었다. 그때 숲속에 있는 하얀 나뭇잎을 보며 무슨 나무냐고 물었고, 산딸나무라고 알려주자, 내년에 심어달라고 부탁했었다. 그때 아내와 나는 이구동성으로 그러기로 약속했었다.

손자의 물음에 "할머니에게 물어보렴"이라며 한 발짝 물러섰다. 아내가 어떻게 답할지 알기에, 입가에 웃음이 번졌다.

산딸나무를 사면서 포포나무도 함께 샀다. 젓가락처럼 가느다란 묘목이다. 손자는 큰 나무를 심을 줄 알았는지 실망한 눈빛이 역력했다. 손자와의 약속이 담긴 나무인 만큼, 애지중지 길러야겠다. 포포나무 열매 맛은 어떨까?

그래! 올해도 심어보자

얼마 전, 동호회 서울지회에서 상반기 문화행사가 있었다. 행사 중 한 분이 "올해도 홍천에 옥수수를 심으실 건가요? 옥수수 맛이 참 좋던데요"라고 말했다. 매년 봄이 되면 나우정에 딸린 100여 평 텃밭에 어떤 작물을 심을지 고민한다. 작물을 선택하는 기준은 짐승으로부터 피해를 덜 받고, 손이 덜 가며 몸에 좋은 것들이 우선이다. 그중 하나가 바로 옥수수다.

옥수수의 영양가와 깊은 맛을 알고부터는 길가에서 삶아 파는 햇옥수수를 보면 그냥 지나치질 못한다. 차에서 내려 주인에게 꼭 묻는 한 마디가 있다.

"언제 수확한 건가요?"

열에 아홉은 "오늘 아침에 수확한 것"이라고 답한다. 믿고 사긴 하지만, 먹어보면 언제쯤 수확했는지, 얼마나 여물었는지, 심지어

삶을 때 첨가제를 넣었는지까지 알 수 있다. 내 입맛에 맞는 옥수수는 조금 덜 여문 것을 아무것도 넣지 않고 갓 삶아낸 것인데, 그런 옥수수를 만나기란 쉽지 않다.

나는 늦가을 옥수수를 여름 옥수수보다 더 좋아한다. 희소성 때문일까? 늦가을 옥수수는 여름것처럼 알갱이가 통통하지는 않지만, 껍질이 얇고 부드럽게 씹히며, 씹을수록 달짝지근한 맛이 깊어진다. 늦가을에 옥수수를 파는 곳을 만나면 그렇게 반가울 수가 없다. 늦가을 옥수수 맛을 알고부터 나우정 텃밭에 옥수수 씨를 매년 심기 시작했다.

옥수수 농사는 4월 말에 모종을 사서 심고, 말복까지 나우정 텃밭에 갈 때마다 20여 포기씩 씨앗을 심었다. 파종한 순서에 따라 옥수수 커가는 것도 다르다. 6월 중순쯤이면 옥수숫대 끝에서 개꼬리(수꽃)가 나오기 시작한다. 사람에 비유하면, 임신 중인 상태부터 막 태어난 갓난아이, 유치원생, 초·중·고등학생, 대학생들이 한곳에 있는 셈이다. 성장 단계에 맞는 돌봄이 필요하듯, 옥수수도 커가는 정도에 따라 관리 방법에 차이를 두며 키운다. 7월 15일쯤 첫 수확을 시작하여, 늦가을까지 옥수수 먹는 재미가 쏠쏠했다.

올해, 옥수수를 심어야 할지 고민하게 만든 사건이 지지난해부터 2년 연속으로 일어났다. 지지난해, 여느 해와 마찬가지로 옥수수 모종을 심고 나우정에 갈 때마다 씨앗을 파종하여 거름도 주고 잡초도 뽑아주고, 가뭄이 들 때는 물도 주며 정성껏 키웠다. 몇 해

동안 쌓인 옥수수 농사 노하우는 이제 웬만한 농부와 견주어도 손색없을 것 같았다.

옥수수를 수확할 때가 되어, 햇옥수수를 먹는다는 생각에 아내와 함께 나우정으로 향했다. 길가에는 벌써 햇옥수수를 삶아 파는 곳들이 늘어서 있어 침샘을 자극했다. 나우정에 도착하여 주차장에서 옥수수밭을 보니, 보여야 할 옥수숫대들이 보이지 않았다. 수확을 앞둔 옥수숫대만 밑동이 부러져 여기저기 흩어져 있었다. 들짐승이 옥수숫대 밑둥치를 갉아 넘어뜨린 흔적이 선명했다. 넘어간 옥수숫대를 보니 며칠에 걸쳐 다녀간 것 같았다. 얼기설기 널린 옥수숫대를 보니 허탈하기만 했다. 아무리 뒤적여도 먹을만한 옥수수 송이를 찾을 수 없었다. 한숨과 분노만 나올 뿐.

그간 짐승을 퇴치하려고 노력을 많이 기울여 왔었다. 쥐가 갉아 먹는 일이 잦아 들고양이에게 정성을 들였고, 고라니 방지 대책으로 솔라등과 울타리를 설치해 어느 정도 효과가 있었는데, 이번에는 이상하게도 옥수수만 털렸다. 울타리가 그대로 있는 걸 보면 멧돼지가 들어온 것은 아니다. 씨앗으로 심은 옥수수 껍질을 까보니 아직 수확할 단계는 아니었다.

며칠 후 내려갔더니, 이번에도 수확을 앞둔 옥수수들만 또 당했다. 도대체 어떤 영물인지, 영근 옥수수만 골라 밑둥치가 넘어가 있었다. 이 짐승에게 어떻게 대처해야 할지 아랫집 어른께 여쭤보니, 고라니나 쥐가 아니라 너구리의 짓일 거라며 개를 키우라고 귀띔해 주셨다. 이곳을 아름다운 벗들과의 정원인 '나우정(娜友庭)'이라고 부르지만, 되갚아 주고 싶은 마음이 올라왔다. 아내는 "그냥 보시했다고 생각해요"라며 웃으며 넘겼다.

지지난해에 당하고 나서 지난해에 같은 실수를 반복하지 않으려고 울타리를 꼼꼼히 설치하고 옥수수 모종 200여 포기를 심었다. 홍천에 갈 때마다 울타리를 확인하고 세심히 관찰했다. 예년보다 10일 일찍 햇옥수수가 나오기 시작했지만, 우리 집 옥수수는 이제 암꽃이 말라가며 영글어 가고 있었다. 그날 밤 서울로 출발하려는데 차량 불빛에 낯선 동물이 잠시 길을 막더니 쏜살같이 숲으로 몸을 숨겼다. 너구리였다. 이곳에 전원주택을 장만한 지 10여 년 만에 처음 보는 너구리였다. 그간 옥수수를 쑥대밭으로 만든 장본인인가 싶어, 미우면서도 반가운 마음이 교차했다.

지인들에게 홍천 찰옥수수를 맛보여 주겠다고 한 날, 홍천에 내려가 옥수수밭을 보는 순간, 또 망연자실해졌다. 며칠 전 그 너구리가 다시 다녀갔나 싶었다. 어디에 하소연할 데라도 있었으면 좋겠다는 생각이 들었다. 그래도 몇 포기 남긴 것인지, 아니면 오늘 밤에 또 오려고 남겨둔 것인지? 몇 포기는 무사했다.

올해는 절대 심지 않겠다고 다짐했었지만, "옥수수 맛이 참 좋던데요"라는 말이 마음을 녹였다. 그저 인사성으로 한 말일 수도 있지만, 조용히 건넨 그 말이 '꼭 심으세요'라는 말보다 더 무게감 있게 와닿고 힘이 될 줄 몰랐다. 너구리와의 싸움에서 이기고 싶기도 했고, 맛을 잊을 수 없어 올해도 심기로 했다. 아내에게 올해도 옥수수를 심겠다고 하니, 아내는 다시 한번 도전해 보란다.

벌써 하얗게 영근 홍천 찰옥수수가 눈앞에 어른거리고 침샘을 자극하고 있다.

팔봉산행

밤낚시 추억

 낚시에 입문하게 된 동기는 이렇다. 사회 첫발을 내디디며 같은 부서에 근무하는 선배의 낚시 예찬론에 동화되어, 회사 내 낚시 동호회에 가입했다. 첫 출조는 김포 대명포구 근처에 있는 저수지였다. 그 출조를 통해 낚시 예찬에는 얼마의 과장이 섞여 있다는 걸 알았지만, 낚시터에서만 맛볼 수 있는 운치와 묘미가 있었다. 선배는 낚시 다녀온 후, 손바닥만 한 붕어가 이야기할 때마다 점점 더 커갔고, 마릿수는 그림자까지 더하는 것 같았다. 아이러니하게도, 이 과장된 말과 운치가 나를 낚시인으로 만들었다.

 퇴직자 모임에서 이천시 마장면에 있는 저수지로 밤낚시를 갔다. 같은 회사에 근무하다 퇴직한 선배 조사 30여 명이 예정된 시각에 모였다. 참석한 인원 중 70살이 넘은 선배들이 반이 더 되었고, 나보다 22살 많은 선배도 계셨다. 제일 꼬맹이 조사가 나다.

낚시 조황은 좌대 선택과 떡밥 만들기에 달렸다 해도 과언이 아니다. 이는 그간 체득한 경험이다. 좌대는 바람 방향, 낚싯대 던질 때 방해 요소, 내일 아침 햇빛 방향까지 고려하며 선택했다. 떡밥은 흔히 말하는 맛집도 손님(물고기) 기호(고기 습성)에 맞는 음식(떡밥)을 만들어 팔아야 하듯, 떡밥 세 가지를 만들었다. 수심에 맞춰 2.7칸, 3.2칸 두 대를 폈다. 야광찌를 달아 낚시 준비를 다 마쳤다. 마치 출발선에 선 선수 같았다.

저녁 식사하러 오라는 방송이 들렸다. 낚시터에서 먹는 토종닭 백숙 맛은 서울 유명한 집에서 먹는 백숙과 비교가 되지 않았다. 앞 가슴살도 퍽퍽함이 없이 쫄깃쫄깃했다. 우스갯소리로 토종닭은 양계장에서 키운 닭이 죽기 전에 발바닥에 흙 한번 묻혔다고 하는 것과는 차원이 완전히 달랐다.

선후배 간에 정을 담은 술잔이 오가고 더불어 이야기꽃이 피었다. 나는 막내로서 선배들 이야기에 낄 군번이 되지 못하고 듣기만 했다. 가슴 깊이 묻어둔 선배들의 옛날이야기가 쏟아져 나왔다. 회사에 근무하면서 있었던 이야기들로 '이제는 이야기할 수 있다'는 이야기들이다. 모두들 당시 이야기에 배를 잡고 웃기도 하고, 때론 안주가 되기도 했다. 주인장은 분위기를 맞추듯 어제저녁때 4자 붕어가 나왔다며, 4자 붕어를 잡는 조사에게 최고급 찌를 선물하겠다며 흥을 돋우었다. 조사라면 누구나 꿈꾸는 4자 붕어!

40여 년 전에는 카바이드 불이나 손전등으로 찌(입질) 움직임을 보아, 입질을 제대로 파악하지 못해 헛챔질이 잦았었다. 그러나 지금은 낚시 장비가 한층 발전했다. 앙증맞으며 도도하게 빛나는 전자 찌는, 도공(道公)의 혼처럼 바람결에 일렁이는 물결에도 아랑곳하지 않고 꿋꿋하게 지조를 지키고 있다. 밤이 깊어질수록 찌는 한층 더 빛났다.

얼마 후, 바로 옆에 있던 L 선배의 찌가 갑자기 하늘로 쭉~ 올라갔다. 빈틈없는 챔질과 동시에 휘어지는 낚싯대, 초릿대 끝이 부러질 것만 같았다. 허공에서 멋대로 춤추는 찌, 낚시터에서 귀하게 듣는 일명 피아노 소리(낚싯줄에서 나는 소리)가 "핑~핑~" 났다. 분명 대물 같았다. L 선배는 낚싯대를 두 손으로 잡고 고기를 제압하려 했지만 못하고 애를 먹고 있었다. 옆에 있던 M 선배가 뜰채로 건져낸 고기는 2자 가까이 되는 잉어였다. 선배는 붕어를 기대했던 듯 실망하는 기색이 역력했다.

밤이 깊어지며 여기저기서 "왔어!", "아이코!", "당겨!" 하는 소리가 들렸다. 내 찌도 순간 물속으로 푹~ 곤두박질쳤다. 챔질을 하자 묵직한 손맛이 전해져 왔다. 젖 먹던 힘을 다해 제압하려 했으나 제대로 되질 않았다. 겨우 제압해 낚아 올렸더니 기대는 순간 실망감으로 변했다. 붕어가 아닌 2자 가까이 되는 메기였다. 그때 저 멀리서 "낚싯대 끌고 간다!"라는 외마디 소리가 들렸다. J 선배의 3.2칸 낚싯대란다.

자정 무렵, 갑자기 하늘이 환하게 밝아지더니 "우르릉 쾅쾅~" 천둥소리와 함께 폭우가 쏟아졌다. 어쩔 수 없이 낚시를 접고 방갈로로 피신해야 했다. 잠시 내린 소나기였지만 강했다.

새벽 4시, 우리나라와 알제리의 브라질 월드컵 축구 예선전을 보기 위해 모두 TV 앞에 모였다. "슛~ 아이고!", "슛~ 아이고!" 온 마음을 다해 응원했지만, 아쉽게도 전반에만 3대 0으로 끝났다. 아쉬운 마음을 안고 TV를 껐다.

이른 아침, O 회장님과 J 총무님이 나눠준 컵라면과 과일이 절묘한 맛을 냈다. 허기진 배를 라면으로 채운 뒤 수박 한 조각이 입 안을 상쾌하게 했다. 아침 햇살이 저수지 수면에 내리쬐고 있다.

몇몇 선배들의 살림망을 확인해 보니 조황이 매우 좋았다. 살림망을 바라보는 선배들의 표정은 흐뭇하기만 해 보였다. 마릿수로는 L 선배가 단연 으뜸인 듯했다. 밤낚시를 하고 아침에 출근하는 K 선배의 열정과 노익장은 어디서 나오는 것일까?

총무로부터 11시에 계측이 있다는 전갈이 왔다. 나는 더 경험을 쌓아야 할 것 같았다. 이렇게 6월 밤낚시는 막을 내렸다.

돌아오는 길에 어제 저녁때 어느 선배 건배사가 새삼 떠올랐다. "예전에는 9988 하면 답으로 234(99살까지 팔팔하게 살다가 2~3일 앓고 떠나는 삶) 했는데, 요즘은 9988231(99살까지 팔팔하게 살다가 2~3일 앓고 다시 일어나는 삶) 하면, 답으로 888(팔팔팔하게 일하는 삶) 하자!"라고 했다. 99살까지 팔팔하게 살다가 2~3일 앓고 다시 일어나 팔팔하게 일하자는 뜻이란다.

　선배님, "9988231"이라 선창하면 저도 답으로 "888" 하겠습니다.

놓아준 4자 붕어

나는 여름 낚시는 뭐니 뭐니해도 댐 낚시를 선호한다. 이유는 넓은 수면 위로 불어오는 시원한 바람, 풀벌레 소리와 함께 들리는 자연의 소리, 좌대라는 독립된 나만의 공간에서 호젓한 시간과 함께 사색의 시간을 가질 수 있기 때문이다.

파라호 조황이 좋다는 소리에 그간 다녔던 낚시터 사장께 전화했더니, 반가운 소리로 빨리 오라 했다. 바쁜 일도 미루고 다음 날 바로 파라호로 출발했다. 해가 서서히 서산으로 기울 무렵 도착해 조황을 물었더니, 그동안은 좋았는데 어제부터 소식이 잠잠(?)하다고 한다.

총무가 운전하는, 통통배를 타고 수상 좌대로 이동했다. 총무는 좌대에서 멀리 보이는 산 능선이 겹치는 방향을 향하여 낚싯대를 펴라고 했다. 낚싯대 다섯 대를 부챗살처럼 펼쳤다. 수심은 약

3m로 적당했다. 찌맞춤을 마치고 예약한 닭볶음탕으로 허기진 배를 채웠다.

 간간이 불어오는 바람이 좋았다. 바늘에 밤톨만 하게 떡밥을 꿰어 물 위에 작은 과녁 안에 들어가게 하듯, 한 지점에 낚싯대를 던졌다. 밑밥을 충분히 줬다고 판단되어 밑밥 크기를 서서히 줄이며 반죽도 조절하며 연신 낚싯대를 던졌다.

 어둠이 내려앉으니 파란 야광찌는 총명하게 빛나고, 소쩍새 울음소리는 수많은 별들과 함께 어우러져 운치를 더했다. 밤이 깊어지면서 소쩍새 울음소리도 잦아들었다. 그러나 낚싯대 편 지 3시간이 지나도 붕어 얼굴도 보지 못했다. 시간이 흘러도 기대와 달리 찌는 완전 말뚝 같았다. 낚시터 사장의 말이 뻥이었나? 낚시라는 게 생각대로 된다면 진정한 낚시겠나? 스스로 위로하고 있을 때 맨 오른쪽 3.5칸대 찌가 짧은 예신과 함께 스멀스멀 올라오고 있었다. 순간 놓치지 않고 챔질하였건만 손맛이 없는 허탕이다. 어떤 고기였을까? 왜 그랬을까? 너무 일찍 한 챔질 때문일까? 아니면 늦었기 때문일까? 놓친 고기가 제일 크다는데. 아쉬움이 떠나질 않았다. 아쉬움을 뒤로 하고 연신 낚싯대를 던졌지만, 미동도 없다. 동료들에게 속았다고 소리치며 도망간 것인가?

 소쩍새 울음소리와 풀벌레 소리도 깊은 밤을 이기지 못하고 이젠 고요하기만 하다. 낚싯대 던지는 소리와 좌대 움직이는 삐걱삐걱하는 소리뿐이다. 옆 좌대도 쥐 죽은 듯 조용하다. 일렁이는 물결이 달빛에 반사되어 고기비늘처럼 춤추고 있다. 나만이 느끼는 운치다. 찌 맛과 손맛은 포기하고 사색의 시간을 갖기로 했다.

명상의 시간이다.

새벽녘, 찌 움직임이 예사롭지 않았다. 이번엔 놓치지 않겠다는 생각으로 눈은 찌에, 손은 낚싯대에 온 신경을 집중했다. 찌가 부드럽게 올라오더니 보름달이 물 위에 떠 있는 것 같았다. 더 올라가지 못하고 수면에 눕는듯했다. 이때다 싶어 챔질하니 묵직한 손맛이 전해왔다. 꺾일 듯 휘어지는 낚싯대, 낚싯줄에서는 흔히 말하는 "핑~핑~" 피아노 소리가 나고, 찌는 고기 움직임에 따라 제멋대로 허공에서 춤추고 있다. 뜰채로 건져낸 고기는 무려 45cm 초대형 붕어! 불그스레한 눈망울은 나를 원망하는 눈초리 같았고 뻐끔거리는 입은 살려달라고 애원하는 것 같았다. 늘, 그랬듯이 얼굴을 보았으니 잘 가라고 놓아주었다. 꼬리치며 멀어져 가는 붕어에게 묵직했던 마음을 함께 실어 보냈다.

이번 낚시는 성공한 셈이다. 목표 달성했다는 기쁨인지 피곤이 몰려왔다. 쉬려고 좌대 방으로 들어왔다. 얼마 전 아들이 친구들과 낚시를 간다며 내 낚싯대를 가져가고 싶어 했었다. 그때 아들에게 낚싯대를 별도 준비해 주었다. 아들은 그 깊은 뜻을 알고 있을까? 나는 영원한 동호인 한 명을 얻었다.

잠깐 눈을 붙였다가 일어나니 해가 중천에 떠 있었다. 햇살이 따갑게 내리쬐고 있다.

이제 통통배에 몸을 싣고 귀가할 시간이다.

천렵

L과 이야기를 나누다 천렵 이야기가 나왔다. L은 여름철 놀이에는 천렵이 최고라며 아버지한테 배운 방식으로 어항을 놓으면 백발백중이랬다. 어항 놓는 방법이 나와 사뭇 달랐다. 어항 놓는 방법도 배울 겸해서 천렵을 가자고 했다. L은 사주팔자 보듯, 첫 장마로 흙탕물이 지나가고 물이 안정화될 때가 적기라며 그때 연락하겠다고 했다.

장마가 시작된다는 예보 며칠 후에 많은 비가 왔다. 적기가 언제인가? 궁금하던 차에 소식이 왔다. 날짜는 닷새 후인 다음 주 화요일인 7월 21일이고, 장소는 청평댐 상류 홍천강 지류인 중방대천이며, C와 K도 같이 가자고 했다. 천렵에 필요한 물품은 본인이 다 준비하겠다며, 나에게는 반도와 나우정 텃밭에서 직접 기른 푸성귀(고추, 상추, 깻잎 등)를 챙겨 왔으면 했다.

L, C, K는 C의 차로 왔다. 현장에서 만났다. 아침부터 햇볕은 강렬했다. L은 리더답게 도착하자마자 우리에게 텐트와 햇빛 가림막을 설치하라며, 어항에 쓸 떡밥을 만들기 시작했다. 그가 가져온 파란 플라스틱 박스에는 각종 요리 도구인 가스레인지, 냄비, 칼, 도마 등이 있고, 노란 박스에는 음식 만들 양념류인 튀김용 기름, 밀가루, 라면, 즉석밥, 과일, 자잘한 양념통들이 아이스팩과 같이 있었다. 물놀이 옷으로 갈아입었다.

중방대천 물은 큰물이 지나가고 안정되어 유리알처럼 투명했고 수심은 무릎이 채 잠기지 않을 정도였지만, 물살은 제법 빨랐다. 어항 놓을 자리를 L이 지정하면, 우리는 그곳에 어항이 떠내려가지 않게 주변 돌을 찾아 담을 쌓았다. 돌담이 물 흐름을 막아 담 아래쪽은 잔잔하게 정지된 듯했다. L은 어항에 떡밥을 붙이고, 아버님이 알려주신 비법이라며 어항 다섯 개를 설치했다. 비법은 어항 입구를 돌담 쪽으로 향하게 하고 어항과 돌담 사이에 별도로 납작한 돌에 떡밥을 붙여놓는 것이었다.

어항을 놓고 물가 가장자리 풀숲, 큰 돌 주변, 작은 물고랑 등에 반도를 대고 물고기를 잡기 시작했다. 그러나 고기가 영리한 것인지, 우리가 우둔한 것인지? 반도를 들 때마다 한 마리도 없었다. 마지막 수단으로 도망치는 물고기를 잡겠다고 겅중겅중 뛰며 반도를 댔지만, 이때도 한결같이 "한 마리도 없어" "이번에도 없어" "허탕 쳤어" "참 빠르네" "못 잡았어"라는 말뿐이었다. 힘만 빠졌다.

시간이 지날수록 햇볕은 힘을 더해갔다. 작전 회의를 하고 다시 시도했지만, 반도로는 단 한 마리도 잡질 못했다. 반도에게 화풀이하듯 바닥에 내팽개치고 햇볕을 피해 텐트 안으로 들어왔다. 텐트 안이 찜통이라 오래 있을 수 없었다.

어항을 걷으러 가며 내심 걱정이 앞섰다. 천렵 가자고 바람을 잡은 터라 만약 한 마리도 못 잡는다면? 근처 식당에서 사 먹겠다는 생각으로 어항 놓은 곳으로 향했다. 첫 번째 어항에는 한 마리도 없이 빈 어항이었다. 비법도 별 소용이 없나 보다 싶었다. 두 번째 어항에는 여섯 마리, 기대에 미치지는 못했지만 천만다행이었다. 세 번째 어항은 은빛을 반짝이며 부산스럽게 움직이는 피라미들이 삼십여 마리는 더 되어 보였다. 나머지 두 어항에도 각각 십여 마리씩 있었다. 어항에 떡밥을 묻혀 다시 놓았다.

텐트로 돌아오자 K가 환호성을 질렀다. 그 소리에 어젯밤부터 상류 쪽에서 낚시하던 분들이 와서 부러운 눈으로 구경하기도 했다. L의 표정은 개선장군 같았다. L은 이번에는 우리에게 고기를 손질하라며 본인은 밀가루에 계란과 물을 섞어 튀김옷을 만들기 시작했다. 손질한 피라미를 씨 뺀 풋고추 안에 넣고 기름이 끓기만을 기다렸다. 기름이 끓기 시작하자, L은 나무젓가락으로 손질한 물고기를 하나씩 튀김옷을 입혀 넣었다. 능수능란했다. 짜글짜글 튀겨지는 소리와 노란 튀김에 군침이 돌아 손이 갔다. 이때 L은 한 번 더 튀겨야 맛이 더 좋아진다며, 얼씬도 못 하게 했다. 깻

잎도 튀겼다.

성급한 게 화근이었나? 하마터면 입천장이 홀라당 데일 뻔했다. 마파람에 게 눈 감추듯 튀김은 순식간에 동이 났다. 이글거리는 햇볕을 더 이상 참을 수 없어, 물에 들어가 돌을 베개 삼아 누웠다. 얼굴 위에 모자를 올리고 물을 끼얹으며 느긋하게 시간을 보냈다. 4명이 누운 모습이 마치 '내천(川)' 자에 하나 더 붙은듯했다. 튀김과 과일을 먹었는데도 배가 허전했다. 어죽을 끓이기로 했다.

놓아두었던 어항을 걷었더니 어죽을 끓이기에 충분했다. 다슬기도 제법 잡았다. 소금물에 해감을 시킨 후, 고추장을 풀어 만든 국물에 다슬기와 손질한 물고기, 풋고추와 대파, 마늘 등을 넣고 끓였다. L은 "어탕 맛의 하이라이트는 라면수프"라며 수프와 라면, 즉석밥까지 넣었다.

텐트 안은 찜통이다. 땀은 왜 흐르고 땀이 흐르는 의미는 무엇일까? 어죽 맛 때문인지, 텐트 안이 더워서 그런지는 모르겠다. 그러나 에어컨이 나오는 안락한 실내에서 먹는 것보다 훨씬 흥이 있고 맛도 좋았다. 어쩜 흘러가는 물처럼 모든 근심, 걱정 흘려보내며 먹는 여유 때문이 아닐까?

다음 날, 팔과 다리, 목덜미에 천렵의 흔적이 선명하게 남았다.

지리산 종주

10년 전 2박 3일 일정으로 지리산 종주를 했었다. 남는 기억은 죽을 고생을 했다는 것과 산이 무섭다는 것뿐이다. 무모한 계획과 궂은 날씨가 원인이었다. 첫날 노고단대피소에서 묵었다. 둘째 날 짙은 안개비가 내리는 새벽, 이른 아침을 해 먹고 장터목대피소를 목표로 출발했다. 장터목대피소까지 가는 내내 짙은 안개비로 앞사람 발꿈치만 보고 걸었고, 장터목대피소에 도착했을 땐 탈진 상태가 되었다. 선발대와 후발대 도착 시간 차이가 무려 3시간이 났다. 날이 어두워지기 시작하자 장터목대피소에서 대기하고 있던 지인이 어두운 길을 마다하지 않고 마중 나가 동료를 부축하여 캄캄한 밤에 도착했었다.

일행과 운동하는 중, 천둥과 번개를 동반한 폭우를 만나, 그늘

집에서 대피하고 있었다. 비가 그치기를 기다리며 이야기하던 중 건강 비결이 화제로 떠오르자, 대전에 사는 K는 매일 계족산을 오른다며 등산을 추천했다. 이에 질세라 김천이 고향인 C도 10년 전에 함께 했던 지리산 종주를 다시 해보자고 제안했다. 그때의 기억이 되살아나 나도 맞장구를 치며 흔쾌히 동의했다. 그러나 대전에 사는 B는 내일이면 환갑인데 지리산 종주라니, 외국 여행이나 한번 갔다 오자고 했다. B를 설득했으나 공염불이었다. K, C와 나, 3명이 2박 3일 일정으로 지리산 종주를 하기로 했다. 연하천과 장터목대피소에서 숙박하고, 천왕봉과 법계사를 거쳐 중산리로 하산하는 33km 코스를 택했다.

등산 당일, 서울, 대전, 김천에서 출발해 경상남도 산청에서 만났다. 각자 챙겨 온 물품을 적당히 나눠 배낭을 다시 꾸렸다. 자기 배낭이 무겁다며 엄살을 부리면서도 얼굴에는 즐거움이 가득했다. 12시 30분, 성삼재에서 출발했다.

노고단(길상봉)은 천왕봉, 반야봉과 함께 지리산의 3대 봉우리로, 지리산의 신령인 산신 할머니(노고)를 모시는 곳(단)이라 하여 노고단이라고 한다. 입산 시간 지정 제도가 도입되어 국립공원 직원들이 비박은 안 된다며 대피소 예약을 일일이 확인했다.

돼지령을 지나니 묵은 찌꺼기가 배출되는 듯 땀이 나기 시작했다. 임걸령에서 갈증을 해소하고 생수통에 물을 채운 후 걸었다. 얼마 후 삼도봉! 3명이, 서로 다른 지역에서 출발해 올라온 것을 축하라도 해주는 듯, 바람결에 더덕 향이 코를 자극했다. 해발 1,550m 삼도봉 정상 표지석엔 '三道를 낳은 봉우리에서 전북, 경남, 전남 도민이 서로 마주 보며 天, 地, 人 하나 됨을 기리며 1998.10'이라 새겨져 있었다. 한가로이 떠 있는 뭉게구름이 정겹기만 하다. 화개재를 향하는 길은 내리막길이 길었다.

화개재를 지나 토끼봉으로 가는 길에, 한 아름이 넘는 거목들이 뿌리째 뽑혀 넘어져 있었다. 지난해 태풍에 쓰러진 듯, 사방으로 뻗어 있는 뿌리 길이가 4~5m는 되어 보였다. 이 척박한 암반 위에서 거목으로 자란 모습이 경이로웠고, 뿌리를 훤히 드러낸 채 누워 있는 모습이 안쓰러웠다. 흙으로 덮어줄 수만 있다면 덮어주고 싶었다. 멀리 어스름이 몰려오고 있다. 발걸음을 재촉했다.

첫날 밤은 연하천 대피소였다. 야외 취사장은 만원이다. 돼지족발에 소주 한잔하기로 했다. K는 비닐장갑을 나눠주며 족발을 꺼냈다. 산에서 족발을 먹다니? C는 구순 가까이 되신 어머니가 직접 농사지은 깻잎, 상추, 고추, 양파를 꺼냈다. 다음 날 산행을 위해 9시에 모두 소등이라는 안내를 받고 잠을 청했지만, 다양한 코 고는 소리에 잠들기가 어려웠다.

새벽 3시경 숙소를 나와서 바라본 하늘은, 티 하나 없이 맑았다. 밤하늘에 총명하게 빛나는 별들과 고요한 대자연의 순수함이 마치 태초의 모습 같아 혼자 보기가 아까웠다. 지난해 설악산 희운각 대피소에서 보았던 그 장면이 떠올랐고, 내년에 태어날 손자의 삶도 이처럼 맑고 빛나는 삶이 되었으면 했다.

아침은 3.6km 떨어진 벽소령 대피소에서 먹기로 하고 일찍 연하천 대피소를 출발했다. 새벽의 고요한 산야를 우리 일행만이 고즈넉이 걸었다. 안개 낀 나무 사이로 간간이 내리쬐는 햇살과 청아하게 들리는 풀벌레 소리는 꾸밈없는 자연의 순수함 그 자체였다. 침묵 속에 K가 지인들과 산에 갔을 때 이야길 했다. 지인 아들에게 산에서는 아버지를 '형'이라고 부르는 것이라 했더니, 그 녀석이 아버지를 보고 대뜸 "형!"이라고 불러 모두 크게 웃었단다. 어느덧 벽소령에 도착했다.

벽소령은 물 사정이 좋지 않았다. 조촐하게 아침을 먹고 커피한 잔으로 여유를 즐기고 있을 때, 연하천 대피소에서 출발한 등산객들이 속속 도착하기 시작했다. 우리는 세석대피소로 향했다.

오늘 날씨는 어제보다도 더 쾌청했다. 전망 좋은 곳을 그냥 지나치기가 아쉬웠다. 눈앞에 장엄하게 펼쳐진 산세는 어머니 품같이 푸근하기만 했다. 날개가 있다면 맘껏 날아가 품에 안겨 투정도 부리고 싶었다. 이름 모르는 나무는 벌써 붉은색으로 몸치장하고 있다. 살랑살랑 불어오는 초가을 바람이 좋기만 했다.

선비샘에서 갈증을 해소했다. 선비샘 유래를 보았다. 이곳에 묘를 쓴 덕평골 화전민 '이 씨'가 생전에 천대받아, 죽어서라도 존경받고 싶은 마음에 고개를 숙여야 물을 마실 수 있는 이곳에 묘를 써달라고 했다고 한다. 실제 돌무덤이 있다. 천대받았던 아픔이

해소되었길 바랐다. 다시 한번 더 고개 숙였다.

칠선봉을 거쳐 세석대피소에 도착했다. 간단하게 점심을 먹고 장터목대피소를 향해 출발했다. 촛대봉으로 향하는 길목에는 늪지가 있다. 늪지를 보니 왜 세석대피소 물맛이 좋고 수량이 풍부한지 알 수 있었다.

둘째 날 묵을 장터목대피소에 여유 있게 도착했다. 10년 전 추억이 다시 떠올랐다. 그때 보지 못했던 지리산의 장엄함과 부드러움을 여유 있게 온몸으로 느끼고 보았다. 대피소 증축 공사를 하고 있었다. 장터목대피소는 옛날 산청군 중산리(시천면)와 함양군 백무동(마천면) 주민들이 이곳까지 올라와 서로 물물 교환 하던 곳이라 하여 장터란 이름을 붙였다고 한다. 당시 민초들의 고단했던 삶을 그대로 간직하고 있는 것 같았다. 저녁은 진공포장으로 갖고 온, 삼겹살을 삶고 구웠다. 옆 팀과 자연스레 어울려 오리구이와 교환하여 먹는 맛은 장터목대피소의 의미를 더하는 것 같았다.

천왕봉 일출 시각이 6시 5분. 일출을 보려고 일찍 잠을 청했다. 4시에 랜턴에 의지해 출발했다. 새벽 공기는 싸늘했지만, 날씨가 좋아 일출을 볼 수 있을 것 같았다. 제석봉을 거쳐 통천문 앞에 섰다. 통천문! 하늘과 통한다는 문. 통천문을 통과하니 천왕봉이 바로 앞이다. 5시 55분 천왕봉에 도착했다. 염려와 달리 바람 한 점 없이 평온한 날씨다. 표지석에 '韓國人의 氣像 여기서 發源되다' '지리산 천왕봉 1,915m'라고 쓰여 있다. 지리산 천왕봉 일출은 3

대가 덕을 쌓아야 볼 수 있단다. 2013년 9월 10일, 일출이 시작되고 있다. 거침없이 솟구치는 한국인의 기상. 왁자지껄함이 일출 기상에 주눅 들었는지, 누구의 지시도 없었는데 깊은 침묵이다. 모두 간절함을 맘속으로 빌겠지? 나를 돌아보고 앞을 생각해 보는 순간이다. 빨간 한 점이 한 줄기 햇살을 뿜어내며 점점 커지고 있다.

바위틈에서 솟구치는 천왕샘과 마주쳤다. 남강 발원지란다. 물한 모금 하고 내려오다 짐 짊어지고 올라오는 인부들과 마주쳤다. 장터목대피소에 쓰일 재료란다. 인부들의 이마에 흐르는 땀방울에서 그 무게를 알 수 있었다. 저 인부들도 누구네 집 가장이고 아들이고 아빠일 것이다. 이번 등산 배낭이 무겁다고 했던 내 생각이 얼마나 사치였고 엄살이었나 싶다.

법계사에 들렀다. 법계사는 우리나라 사찰 중 제일 높은 곳(1,450m)에 있는 사찰이다. 인자하게 보이시는 보살께서 참외와 멜론을 우리에게 권했다. 꿀맛이다. 사찰 경내에 퍼지는 햇살은 부처님 자비심같이 따스하기만 했다. 보살께서 사찰 일주문이 없어 일주문을 건립할 계획이라고 한다. 내년에 태어날 손자들의 안녕을 위해 일주문 건립에 서까래 하나 동참했다.

속세로 돌아오는 발걸음은 한결 가벼웠다.

팔봉산행

 강원도 홍천군 9경 중 으뜸인 팔봉산. 말 그대로 큰 봉우리가 여덟 개 있는 산이다. 이 산은 우리나라 100대 명산 중 해발 표고가 가장 낮고, 덩치도 가장 작은 산이다. 등산로가 까다롭고 경치가 아름다워 두 번 놀란다는 이 산을 오를 때마다 삶을 마주하는 것만 같다.

 어제는 가을을 재촉하는 비가 촉촉이 내렸다. 이른 아침, 나우정에서 바라본 팔봉산은 운해 속에 봉우리 두 개만 보였다. 얼마 지나지 않아 말끔한 모습으로 선명하게 드러났다. 상쾌한 날씨에 이끌려, 하던 일을 미루고 집을 나섰다.

 매표소 앞에 남근을 상징하는 조형물이 여러 개 있다. 산행 중 안전사고가 잦아 걱정하던 차에 "음기를 다스려야 안전한 산행을 할 수 있다"는 한 노인의 조언에 따라 관리소에서 설치했다고 한다. 큼직한 남근목은 세월의 무게를 피하지 못해 보였다. 반면 팔뚝만 한 남근석은 안전 산행을 바라는 등산객의 사랑을 혼자 받은 듯 머리에 손때가 묻어 반질반질했다.

매표소는 다른 날과 달리 매우 한산했다. 철문을 통과하고 출렁다리를 건너면서부터 본격적인 등산이 시작된다. 어쩌면 철문은 다른 세상으로 진입하는 절차 같았고, 출렁다리는 마음의 짐을 털고 산행하라는 것만 같았다. 혼자 하는 산행의 묘미? 쫓음도 쫓김도 없이 쉬엄쉬엄 올라야 하는 것을 잊고, 무엇에 쫓기듯 쉼 없이 능선에 올랐다. 간간이 불어오는 바람, 땀을 식혀주기에 충분했고 호젓하기만 했다.

밋밋하게 오르는 능선 길, 얼마쯤 올랐을까? 길 앞에 삐죽삐죽한 큰 돌탑이 나타났다. 우회할 수 있는 방법과 정상에 갈 수 있는 갈림길이다. 1봉 정상에 오르려고 돌탑 쪽으로 방향을 잡았다. 손과 발을 이용해 힘겹게 오르다 뒤를 돌아보니, 올라온 길이 아득하기만 하다. 손바닥만 한 '팔봉산 1봉' 표지석이 나를 반겨주었다. 야트막한 산을 거느린 1봉은 멀리 동쪽으로 금학산이 보이고 나이배기 작달막한 소나무와 바위가 어울려 정갈스럽다.

해발 327.4m인 최고봉 2봉에 올랐다. 바위틈에서 자라난 소나무들은 모두 자연이 만든 분재 같았다. 이곳에서 바라본 팔봉산 능선과 팔봉산을 휘돌아 가는 홍천강, 황금빛으로 물들어 가는 광판 들판은 햇살을 받아 한 폭의 그림 같았다. 최고봉답게 이곳에는 1590년 조선 선조 때부터 마을의 평온과 풍년을 기원하는 제사를 지내는 당집이 있다. 지금도 음력 3월과 9월 보름날이면 이곳에서 명맥을 이어가고 있다. 당집 바로 앞에 풍경을 감상할 수 있는 공간이 있다. 이곳에서 한동안 풍경을 즐기다, 기다리고 있는 봉우리를 향해 걸음을 옮겼다.

3, 4, 5봉을 지나 6봉에 섰다. 6봉까지 오르면서 우회로를 택하거나 하산할 수도 있었지만, 유혹을 뿌리치고 모든 봉우리를 거쳐 이곳까지 왔다. 나이 때문인지, 이곳에서는 다른 곳보다 오래 머물고 싶었다. 올라오는 동안 손잡았던 소나무들이 눈에 들어왔다. 균형 잡힌 자태에 윤기 나는 솔잎! 주변에 있는 나이 든 소나무들은 다른 봉우리 것보다 품위 있고 당당하며 기개가 넘쳐 보였다.

반면 소나무 밑둥치를 보자 온몸에 전류가 흐르는 것 같았다. 흙 속에 있어야 할 뿌리는 비바람에 씻겨 바위 위에 얼기설기 노출되어 있었고, 표피는 나무껍질처럼 변해 있었다. 그마저도 상처가 난 채 맨살을 드러내고 있는 것도 있었고, 일부는 절단되어 있었다. 이 자리에서 얼마나 많은 비바람과 혹독한 가뭄을 견디며 오늘을 맞이하는 것일까? 처연함과 경건함에 숙연해지기까지 했다.

7봉을 지나 8봉에 도착했다. 8봉은 여덟 봉우리 중 가장 낮지만, 운치 있고 넉넉한 공간을 제공하고 있다. 겉옷을 벗고 불어오는 바람에 몸을 맡겼다. 친구가 되어주었던 매미 소리도 뜸했다. 불어오는 바람에 나뭇잎만 한들한들 흔들릴 뿐. 얼마의 시간이 흘렸을까? 땀만 갖고 간 것이 아니라, 맘속 거추장스럽고 구차했던 것들도 바람이 다 가지고 간 것 같아 홀가분했다. 이 작은 행복감을 놓치고 싶지 않았다.

팔봉산을 오를 때마다 산의 형상과 산행길이 삶과 같다는 생각을 한다. 오늘은 특히 더 그랬다. 1봉을 지날 땐 왜, 빨리 어른이 되길 바랐던지? 20대의 혈기 왕성함을 표현하듯 최고봉인 2봉이 있고, 3봉을 지날 땐 30대의 바빴던 삶을, 4봉을 지날 땐 40대의 험난함을 상징하는 해산굴을 통과해야 했고, 5봉을 지날 땐 사회생활의 원숙함, 6봉에서는 소나무의 끈질긴 생명력과 삶의 원숙미를 보았다. 산행길은 오로지 앞으로만 나아가야 하는 길, 돌아갈 수 없는 길이 인생을 닮았다. 오르막과 내리막, 숨겨진 난관을 혼자 통과해야만 하는 길, 팔봉산은 산세 자체가 인생을 표현하는 듯하여 남다른 사랑을 받고 있는지 모르겠다.

70대 초반인 지금 앞으로 어떤 일들이 기다리고 있을지, 어떻게 준비해야 의미 있는 삶을 살 수 있을지, 그 이후 삶은 어떻게 맞이해야 할지? 고민이 되기도 한다. 이런 생각이 들 때 새 한 마리가 잠시 위로해 주는 듯 나뭇가지에 앉았다가 날아가 버렸다.

하산 길에 들어섰다. 70도가 넘는 낭떠러지 경사 길은 긴장의 연속이다. 누군가의 도움받듯이 난간에 의지해 한 발짝씩 내려오며, 불현듯 생의 마지막도 이렇게 급하게 마무리하고 싶다는 생각이 들었다. 홍천강에 발을 담그며 여유를 찾고, 출발지였던 매표소로 돌아왔다. 중간에 하산하더라도 모이는 곳은 모두 출발지인 매표소다. 삶의 끝도 결국 시작과 같은 자리로 돌아가는 것이 아닐까?

　홍천강 다리를 건너며 다시 본 팔봉산은 무언가 말을 걸어오는 듯했다. '삶이란, 한 걸음 한 걸음에 집중하며 쫓기지 않고 걸어가는 것'이라고, 그리고 그 무게를 굳이 힘겨워하지 말라고.

몽골 여행기

몽골 여행을 다녀왔다. TV에서 본 드넓은 초원에서 자연과 더불어 살아가는 몽골인들의 삶을 체험해 보고 싶었다. 여행은 2008년 한국으로 위탁 교육을 받으러 왔던 몽골 육군 대령 N(그 학생의 멘토 역할을 했으며 그 가족과는 많은 추억이 있음)과 칭기즈칸 공항 건설에 참여하고 있는 후배의 도움을 받아 K1, K2, P와 4명이 자유여행으로 계획했다.

N은 8년이란 시간 속에 한국말을 거의 다 잊어버려 후배와 일정을 정리했다. 출발을 며칠 앞두고 마지막 점검하는 과정에서 미흡한 부분이 발견되어, 계획을 수정해야만 했다. H 여행사 도움을 받아, 여행사의 일정을 소화하고 난 후, 별도 자유여행을 하기로 했다.

6월 29일 오후 5시경, 울란바토르 공항에 도착했다. 첫인상은 광활함에 압도당했다. N이 마중 나와 있을 거라 기대했으나, 그의 아들과 사위, 후배, 여행사 가이드가 맞아주었다. 개구쟁이였던 N의 아들은 미국 유학 중에, 잠시 귀국한 거란다. N은 오늘 국회의원 선거일이라 나오지 못했다며 그의 사위가 여러 번 사과의 말을 전했다.

 공항에서 호텔로 가는 길은 마치 100년이란 시공간이 한곳에 있는듯했다. 고층빌딩과 바로 옆에 다닥다닥 붙어 있는 전통 게르, 일부 비포장도로에서 일어나는 흙먼지, 울퉁불퉁한 포장도로, 차량 정체 등.

 가이드는 우리나라 D 대학교에서 박사 과정을 밟고 있는 두 아이의 엄마로, 방학 동안 잠시 일하는 중이란다. 호텔 로비에서 일정을 설명하던 그녀는 오늘이 선거일이라며 선거 후에는 종종 살인 사건이나 폭동 같은 안 좋은 일이 일어나곤 했다면서, 밤에 외출을 자제하라고 했다.

 이튿날 H 여행사 팀과 합류하여 예정된 일정을 시작했다. 첫 방문지는 울란바토르 시내가 한눈에 내려다보이는 자이승 승전 기념탑이었다. 이곳은 과거 소련이 몽골을 지원해 참전한 것을 기념하기 위해 세운 탑으로, 독수리를 팔에 올려놓고 기념 촬영도 했다. 이후 몽골의 마지막 황제 '북드 칸'의 주치의이자 독립운동가였던 이태준 선생의 기념 공원을 찾았다. 이태준 선생의 발자취와 업적을 보며 뭉클함과 애틋함이 가슴 깊은 곳에서 올라왔다. 기념

관을 이태준 선생의 모교가 아닌 국가 차원에서 관심을 가졌으면 했다.

점심 후 유네스코 세계자연유산으로 등재된 테를지 국립공원으로 향했다. 약 1시간 30분 동안 대평원에 한 줄기 실처럼 나 있는 고속도로를 달렸다. 왕복 2차로 도로가 고속도로였다. 도로는 산이 있으면 산모퉁이를 돌아가고, 개천이 있으면 나무로 다리를 만들었다. 고속도로였지만 가축들이 도로를 횡단하면, 다 지나가길 기다렸다가 출발하곤 했다.

큰 고개에서 잠시 쉬었다. 고개에 매우 큰 '어워(우리나라 서낭당 같은 곳. 돌을 쌓아 놓고 그 위에 각종 색으로 된 천을 엮어 놓았음)'가 있었다. 어워를 오른쪽으로 세 번 돌면 행운이 온다는 말에 따라, 두 손 모아 세 바퀴를 돌며 소원을 빌었다.

테를지 국립공원에 위치한 캠프에 도착해 숙소인 게르를 배정받았다. TV에서 보았던 게르에 고개 숙여 들어가니, 직경 5m 정도 되는 원통형 집 안에 중앙에 두 개의 기둥과 난로가, 양옆으로 침대 두 개씩 놓여 있었다. 짐을 정리한 후 국립공원의 명소인 거북 바위를 향해 나섰다. 거북이 모양을 한 바위다. 웅장했다. 거북 바위 정상까지 올라가려고 했으나 길이 막혀 접어야만 했다.

이곳에서 김포에서 온 팀과 뜻이 맞아 저녁은 몽골 전통 요리인 허르헉을 먹기로 했다. 해 질 무렵 허르헉을 예약한 게르로 갔다. 허허벌판에 단 하나뿐인 게르가 우리를 기다리고 있었다. 주인은 그들이 살고 있는 게르 안으로 우리를 안내했다(게르는 초지를 찾아 이동하는 몽골인의 생활 방식에 맞춰 쉽게 짓고 해체할 수 있는 주거 형태다. 내부에서 문을 보았을 때 왼쪽이 여성, 오른쪽이 남성의 공간이며 중앙은 어른 자리다. 또한 내부의 기둥 두 개는 부부를 상징하며, 그 사이를 지나가는 것은 금기란다). 몽골인들의 살림살이며 그들의 실상을 꾸밈없이 볼 수 있었다. 주인은 요리가 다 되었다며 나오라 했다. 옛날 우리나라 사과 궤짝 같은 것을 연결하여 만든 게 상이다. 당연히 의자 없이 쪼그리고 앉아야 했다. 드넓은 초원에서 석양과 함께 먹는 맛은, 입과 눈이 처음 경험하는 맛이다. 여행 중에 백미였다. 멀리서 말과 양들이 유유히 집으로 돌아가는 모습이 초원의 여유로움이며 실상이다. 오늘은 게르에서 자는 날이다.

 가이드는 게르 난방을 위하여 밤에 세 번 노천 광산에서 캔 탄을 난로에 넣을 테니 문을 닫지 말라 했다. 혹시 밤에 누군가 들어오더라도 놀라지 말라며, 화장실과 세면장은 100여m 떨어진 공동 장소를 이용하라고 했다.

 자다가 외마디 소리에 비몽사몽 밖으로 뛰쳐나왔다. 나와보니 친구들이 콜록콜록 기침하고 있었다. 마치 화생방 훈련을 하는 것 같았다. 난로에 생 탄을 넣었더니 연기가 났던 모양이다. 환기하려고 기다리는 동안 하늘을 올려다보니, 우리나라에서는 볼 수 없는 장관이 펼쳐져 있었다. 광활한 하늘에 밀가루 같은 은하수와 크고 작은 수많은 별이 반짝였다.

아침 일정은 말을 타는 거였다. 말 다루는 방법은 간단했다. 오른쪽으로 가려면 오른쪽 고삐를, 왼쪽으로 가려면 왼쪽 고삐를 당기고, 정지하려면 양쪽 고삐를 동시에 당기면 된다. 또한 앞으로 가게 하려면 양발로 말의 배를 툭툭 치면서 "츄, 츄" 하면 된다. 20분쯤 지나자, 여유가 생겨 "츄, 츄" 했더니 속도를 내기 시작했다. 마부가 고삐를 놓아주었다. 뒤에서 마부의 노랫가락이 들려왔다. "저 푸른 초원 위에 그림 같은 집을 짓고…."

셋째 날 밤은 난로를 피우지 말라 했다. 대신 옷을 껴입고 자기로 했다. 어젯밤에 본 별을 또 보고 싶고, 테를지 일출을 보고 싶어 일찍 잠을 청했다. 새벽 3시에 일어나 뒷산에 올라 테를지 일출을 보았다. 오전에는 근처 코끼리 사원을 방문했다. 이곳은 청나라에 몽골인들이 당했던 핍박과 억압의 역사를 고스란히 담고 있었다. 인간의 잔인함은 어디까지일까?

국립박물관에는 몽골인들이 지배했던 세계지도가 전시되어 있었다. 우리나라도 1218년에 몽골이 지배했다는 기록이 있고, 마산을 거점으로 삼았다는 내용도 있었다. 또한 만리장성이 흉노족, 즉 몽골인의 피해를 막기 위해 세웠다는 설명도 있었다. 과거 가해자였던 흉노가 청나라 시절에는 피해자인 셈이다.

수흐바타르 광장으로 이동했다. 수흐바타르는 칭기즈칸 다음으로 몽골인들이 존경하는 인물로, 중국과 러시아로부터 몽골의 독립을 이끈 장군이다. 그의 이름을 딴 광장은 신혼부부들의 사진

촬영 명소로도 유명했다. 국회의사당 앞에 커다랗게 자리 잡은 칭기즈칸 동상은 마치 그의 옛 위엄을 보는듯했다. H 여행사 일행과는 여기서 작별 인사를 나눴다. 후배가 준비한 차량으로 칭기즈칸 국제공항 건설 현장으로 향했다.

  공항으로 가는 길은 테를지 국립공원과 비슷하면서도 달랐다. 허허벌판, 지평선과 하늘이 맞닿아 있는 광활한 대지를 달리고 또 달렸다. 초원이라고 하지만 초원 같지 않고 사막 같았다. 그 옛날 사람들은 어떻게 방향을 알고 이동했을까? 저 드넓은 곳을 달리며 호령했을 그들의 기백을 보는 것 같았다.

  칭기즈칸 공항 건설 현장은 삼성물산 기술자들이 건설하고 있었다. 활주로 포장 공사를 한창 진행하고 있었다. 같은 기술자로서 애국심을 느꼈다. 우리가 준비해 간 소주 몇 병을 그들에게 선물하고 관제탑에 올라가 보았다. 공항으로는 천혜의 장소 같았다.

  울란바토르로 돌아오는 길에 N에게 전화가 왔다. 선거 결과로, 그의 상사가 경질되어 내일부터 여행을 함께할 수 없게 되었다고 했다. 예기치 않은 소식에 당황했다. 급히 결정해야 했다. 계획했던 자유여행을 포기하고 귀국하기로 했다. 가이드에게 연락하여 표를 구하려 했으나 되지 않았다. 서울 본사 H 여행사의 도움을 받아 어렵게 표를 구할 수 있었다.

  저녁 식사 자리에서 N을 만났다. 8년 만이다. 우리가 오늘 귀국하기로 했다는 소식에 미안해했다. 공항에서 작별을 나누던 중, N

은 나에게 무언가를 손에 쥐여주었다. 8년 전 한국에서 그에게 베푼 후원을 잊지 않았던 모양이다. 그의 고마움이 담긴 인사로 느껴져 뿌리칠 수 없었다. 다시 오겠다는 말로 대신했다.

테를지의 일출

일출을 보기 위해 어제저녁 일찍 잠자리에 들었다. 새벽 3시 가이드, K1과 함께 어제 봐두었던, 게르 뒷산 정상을 향하여 출발했다. 밤새 보슬비라도 내린 듯 풀잎마다 이슬이 맺혀 있다. 얼마 걷지 않아 바짓가랑이가 금세 젖었다. 새벽 공기의 상큼함에 싸늘한 기분마저 들었다. 게르 뒤편 야트막한 언덕에 있는 어워까지 단숨에 올라왔다. 캠프는 가로등 불빛만이 빛날 뿐 적막감에 쌓여 있다. 하늘에는 밀가루를 뿌려놓은 듯한 은하수와 크고 작은 별들이 끝없이 펼쳐져 있다. 설악산 희운각 대피소나 지리산 연하천 대피소에서 본 별들과는 차원이 다르다. 목을 이리저리 돌려도, 눈이 모자라 다 볼 수 없는 끝없는 별들, 때 묻지 않은 광활함뿐이다.

랜턴에 의지해 가는데 생각보다 길은 험했다. 어제 보았을 때는 민둥산처럼 평범해 보였지만, 막상 와보니 잡목도 많고 크고 작은 바위가 길을 허락하지 않았다. 갈수록 경사가 가팔라지고 길이 험해졌다. 때로는 기어오르듯 해야 하는 구간도 있었다. 해발고도가 높아서인지 숨이 차오르고 땀이 흐르기 시작했다. '혹시 일출을 놓치지 않을까?' 하는 마음에 점점 급해졌다. 앞길을 막는 큰 바위에 가로막혀 다른 길을 찾아 되돌아가기도 했다. 간혹 가축들이 왔다 간 흔적들이 반갑기까지 했다.

어제 낮에 야트막해 보이는 산에 가기 위해 3시간을 별도로 할애받았다. 오염되지 않은 공기 탓일까? 바로 눈앞에 산이 보였지만, 출발하니 생각보다 멀었다. 가는 길에 한가로이 풀을 뜯으며 걷고 있는 소, 말, 양의 무리를 뒤따르기도 하고, 가로지르기도 했었다. 초원에 대한 첫인상은 광활함과 평온함, 그 자체였었다. 하지만 몽골인들의 생활환경을 조금 깊이 들여다보니 열악한 환경에 연민이 일기도 했다.

밋밋할 것이라 여겼던 산은 예상과 크게 달랐다. 숨을 고르려고 큰 너럭바위에서 잠시 쉬었다. 그때 귓가에 낯익은 뻐꾸기 소리가 들려왔다. 이곳에서 뻐꾸기 소리를 듣다니, 마치 고향에 온 듯 반가웠다. 멀리 동쪽 하늘에 어워에서 보지 못했던 그믐달도 있었다. 티 하나 없이 맑은 얼굴에 살며시 그린 연인 눈썹 같았다. 능선 위에 올라가면 그믐달이 손에 닿을 수 있을 것만 같았다.

조금만 더 가면 완만한 산세가 펼쳐질 거라 기대했지만, 예상은 완전히 빗나갔다. 내가 앞장서고 K1과 가이드는 뒤를 따랐다. 가파른 경사와 손대지 않은 태고의 잡목들, 아름드리 고목이 쓰러져 있고 하늘을 찌를듯한 거목과 집채만 한 바위들이 앞을 가로막고 있었다. 사이사이에 작은 잡목과 죽은 가지들이 뒤엉켜 있어 한 발 한 발 헤집고 나아가야 했다.

얼마나 올랐을까? 주저앉고 싶을 만큼 지쳤지만, 정상은 여전히 저만치 남아 있었다. 그믐달은 서서히 빛을 잃어가고 있다. 맑고 깨끗한 공기를 폐부 깊숙이 들이마신 후 한 발 한 발, 걸음을 옮겼다. 동쪽 하늘에 불그스레한 기운이 서서히 번지기 시작했다. 발걸음을 재촉했지만, 눈앞엔 또다시 집채만 한 바위와 나무들이 가로막고 있었다. 이곳을 통과하면 좀 나아지리라 기대했지만, 산세는 점점 더 힘해져 이방인의 접근을 허락하지 않는듯했다.

마음 한구석에 '정상에 오르는 게 목적일까, 아니면 일출을 보는 게 목적일까?' 하는 고민 속에 현실과 타협하고 싶었다. 그럼에도 좀 더 높은 곳에서 일출을 보겠다며 앞으로 나갔다. 얼마 못 가 설악산 흔들바위보다 몇 배 큰 바위가 길을 막고 있었다. 옆으로 돌아갈 공간도 없었고, 다른 길로 오르려면 한참 내려가야 했다. 다행히 바위 옆에 큰 나무가 있어 서로 밀고 당겨 가까스로 그 바위에 올랐다. 바위는 일개 소대원이 둘러앉아도 될 듯 넓고 평편했다. 이곳에서는 더 갈 수 없었다. 작은 정상이다. 정상이다. 정상! 이곳까지만 허락할 테니 더 올라가지 말라는 의미 같았다. 신선들의 경지에 와 있는 듯했다. 신선들이 놀다 간 바위.

멀리 보이는 부드러운 산등선의 검은 실루엣이 파란 하늘과 대비되었다. 뭉긋하게 떠오르는 붉은 기운이 맴돌았다. K1은 이 순간의 감동을 시로 남기겠다며 습작에 몰입했고, 가이드는 무언가를 고요히 염원하고 있다. 어느새 나도 합장하고 있었다.

작고 붉은 점은 서서히 어둠을 밀어내며 찬란하게 빛을 뿜어내기 시작했다. 시뻘건 불덩이처럼 떠오르는 태양, 가슴이 벅찼다. 가슴속 깊이 새기고 싶은 순간이었다. 우리나라 대청봉과 천왕봉, 동해안에서도 발산했을 찬란한 빛이다. 깨끗하고 고왔다.

별장 나들이

 춘천댐 상류에 있는 후배의 별장, ㅇㅇㅇ에서 모임을 가졌다. 모임에는 9명이 참석했다. 참석 못 한 사람들도 마음은 함께하고 있으리라 믿었다. 특히 함께했으면 좋았을 몇몇 얼굴들이 떠올랐다. 인연의 깊이와 길이가 같을 수 없다지만 유독 몇 사람 얼굴이 더 생각났다. 그중에는 얼마 전 암 투병 사실을 알게 된 친구가 있었다. 그의 빠른 쾌유를 빌며 빈자리를 남겨두었다.
 별장 첫인상은 꾸민 듯, 꾸밈없이 자연스러우면서도 정갈한 조화로움이었다. 심어진 나무와 자생한 나무와의 어우러짐, 춘천댐 호수 주변과 어우러진 작은 자연 연못, 한 포기 한 포기 정성 들여 심은 화초들, 돌계단 하나까지도 후배의 손길이 닿아 있었다. 특히, 진노란 야생화가 눈에 들어왔다. 후배의 인품을 닮은 듯 넉넉하고 호사스럽지 않은 공간이었다.

약 500평 규모의 자연 연못은 물 위를 덮은 개구리밥과 잘 자란 수생식물들로 가득했고, 빈 배와 한 사람만 앉을 수 있는 작은 좌대가 주인을 기다리듯 떠 있었다. 좌대에 앉아 떡밥을 뿌리자, 치어들이 서로 먹겠다며 물방울을 튕기며 난리가 났다. 작은 연못이라고 우습게 보았는데, 낚싯대를 드리우자 얼마 안 가 부드럽게 올라오는 찌의 움직임과 함께 당찬 손맛이 느껴졌다. 자그마치 60cm급 잉어와 40cm 가까운 붕어와 마주했으니, 놀라지 않을 수 없었다. 조황을 실시간으로 단체 메시지 방에 사진으로 올리니 부산에서 근무하는 동료가 빨리 방생하라고 한마디 던졌다.

입질이 잠시 소강상태일 때, 주인장의 말이 생각나 실소를 금할 수 없었다. 주인장은 오늘 늦게 온다며, 원격으로 어항을 설치할 테니 매운탕을 끓여놓으라 했었다. 어떻게 어항을 원격으로 설치할 수 있는지 궁금했다. 답은 간단했다. 주인장 지시에 따라 설치하라는 거다. 그것이 원격 어항 설치법이란다. 내 생각이 틀렸나?

모임에서 먹거리를 빼놓을 수 있을까? 마치 '자연을 담은 요리사 방랑 식객' 임지호 님이라도 환생한 듯, 팔방미인 셰프가 등장했다. 그는 별장에 고춧가루가 없는 걸 알고는 옆집에서 넉살 좋게 고춧가루를 얻어왔다. 별장 주변에서 채취한 방가지똥, 민들레, 미나리와 함께 로메인, 치커리 등을 적당한 크기로 손질해 즉석에서 겉절이를 만들었다. 밖에서는 바비큐 만드느라 한창이고, 한편에서는 바둑 삼매경에 빠졌다. 주인장은 저녁 무렵에 왔다.

돼지 목살과 삼겹살 바비큐는 육즙이 살아 있었다. 거기에 덧붙여진 이야기들은 귀를 즐겁게 했다. 약(술)이 들어가니 곰살맞은 이야기 속에 초저녁은 서서히 깊어만 갔다. 밤공기는 쌀랑했지만 상쾌했다. 분명한 것은, 전성기 때보다 모두 약(술) 소비량이 많이 줄었다는 거다. 깊은 밤, 바둑과 당구와 TV 보는 팀으로 나누어졌다.

　이른 아침, 풀잎 끝에 맺힌 이슬이 아침햇살을 받아 영롱하기만 했다. 이렇게 이른 시간에 쪼그리고 앉아 이슬을 골똘히 바라본 적이 있었던가? 문득 몇 해 전 지리산 종주 당시 연하천 대피소를 떠나며 보았던 이슬이 생각났다. 고즈넉한 산길에서 만나게 된 그 이슬은 옅은 안개가 드리워진 나무 사이로 햇살을 받으며 투명하게 빛났다. 그 모습은 아름다움보다는 오히려 가엾어 보였었다. 그러나 오늘 아침 이슬은 아름다움 그 자체이며, 깊은 울림을 전해주었다.

　춘천댐 아침은 마치 아이가 맑게 세수를 한 듯 해맑았고 투정도 없이 잔잔하기만 했다. 그득하게 담긴 물은 마치 가난한 집 독에 가득 찬 쌀처럼 넉넉해 보였다. 외국에서나 봄직한 풍경 같았다.

　아침은 어죽이다. 해장으로 이보다 더 좋은 음식이 있을 수 없다. 주인장이 보트 시범을 보이겠다며 새로 장만한 보트를 능숙한 솜씨로 운전하며 춘천댐을 가로지른다. 물보라와 굉음을 내며 달리는 모습에 어떤 힘을 얻는 것 같았다. 이 운행이 끝난 후, 얼마 전 면허를 취득한 신입 운전자가 운전대를 잡았다. 그에게 몸을 맡겼다. 잔잔한 호수 위를 요란하게 물살을 가르며 나아갔다. 속도와 함께 불안감은 서서히 커갔다. 안전조끼를 입었지만 '혹시'라는 불안이 스며들고, 속도가 빨라질수록 긴장감은 커져만 갔다. 운전자는 보트 면허를 취득한 것을 자랑하듯, 아니 마치 하룻강아지가 범 무서운 줄 모르듯 굉음을 내며 넓은 호수를 가로질렀다. 급회전할 때는 손잡이를 암팡지게 잡아야만 했다. 그 순간, 멀리서 수백 마리는 될 법한 가마우지 떼가 기겁하며 물을 박차고 하늘로 솟구쳤다.

서울에 약속이 있어서 먼저 자리를 떠나야 했다. 후배 회사의 무궁한 발전과 빈자리로 남아 있는 자리가 곧 채워지길 바라며 서울로 향했다.

백운대 오르던 날

    성북구로 이사 온 지 10년이 넘었다. 그러나 그간 북한산 정상인 백운대에 가본 기억이 없다. 백운대에 한 번쯤은 다녀와야 한다는 부채 의식이 마음 한편에 늘 있었다. 마침, 얼마 전 우이 경전철이 개통되어 백운대까지 가는 길이 한결 편리해졌다. TV에서는 개통 며칠 만에 적자 노선이라며 호들갑을 떨고 있다.

    안정화되기까지 다소의 시간이 필요할 텐데, 적자 원인이 예상보다 적은 승객 수라며 그것도 공짜 승객이 35%에 달하기 때문이란다. '공짜 승객'이라는 표현이 홍보 수단처럼 쓰는 것 같아 거슬렸다.

    채비를 갖춰 집을 나섰다. 경전철 성신여대역은 깨끗하고 정돈된 모습이다. 노란 어깨띠를 두르고 안내하는 분들이 몇 명 보였다. 그분들이 안내보다는 부정 승차 고객이 있는지 감시하는 것처럼 보였다. 얼마 있으면 공짜 손님이 되는 나를 '공짜 손님'으로 보는듯해 마음이 편치 않았다. 슬며시 교통카드 결제 소리를 들려주고 싶어 일부러 안내자 옆 개찰구를 통과했다.

경전철은 두 칸짜리 열차로, 무인으로 운행되며, 폭은 지하철보다 좁았다. 승객 대부분은 나와 같은 등산복 차림이었다. 종착역에 도착하여 내렸더니 도선사 가는 셔틀버스가 보였다. 아쉽게도 도선사 신도증이 있어야만 탈 수 있단다. 길가 양옆에 있는 가게들은 손님 맞을 준비에 한창이다. 가게들이 모여 있는 곳을 지나니, 서울인데도 서울 같지 않게 여유로웠다.

걸음에 여유가 생기자, 주변의 계곡 물소리도 들리고 물고기들이 유영하는 모습도 보였다. 계곡에 알밤 몇 개가 떨어진 것도 보였다. 계절은 어느새 가을 초입에 들어서고 있었다. 매미 소리는 요란하기만 했다. 거니는 사람보다 차로 이동하는 사람들이 더 많아 보였다. 나 역시 예전에 저렇게 다녔던 적이 있어, 미처 듣지 못했던 원성을 얼마나 놓쳤을까 싶다. 도선사 초입에 다다랐다. 돌에 새겨진 불교 용어가 눈에 들어왔다.

天地同根 萬物一體

익숙한 불경 소리가 들렸다. 도선사에 들러 부처님께 예를 올렸다. 옆에 나이 지긋한 여신도분이 손주의 안녕을 바라는 축원을 올리고 있었다. 손주가 셋이라는 생각에 몸과 마음이 더 차분해졌다. 불심이 깊었던 장모님도 이런 모습이었으리라.

도선사를 뒤로하고 백운대 탐방로로 접어들었다. 자연 그대로 흙과 돌길인 오르막길이다. 마음속에 자리 잡은 '빨리'라는 생각이 발걸음을 재촉했다. 앞에 나보다 더 나이 많아 보이는 부부가 다정하게 걷는 모습이 눈에 들어왔다. 여유롭게 거니는 모습이 아름다웠다. 하루재를 지나서 널따란 바위에 걸터앉아 싸 온 김밥으로 점심을 해결하고, 잠시 쉬었다. 눈을 돌리자, 나무 틈에 페트병과 비닐봉지가 눈에 뜨였다. 눈에 보이는 쓰레기들을 수거하여 배낭에 넣었다. 작은 내 행동이 큰 행복으로 되돌아와 뿌듯하기만 했다. 마음은 이미 백운대 정상에 닿은 듯했다.

백운산장 근처에 다다르니 흰둥이 개가 먼저 반갑다는 듯이 꼬리를 흔들며 맞아주었다. 백운산장에서 기르는 개라고 한다. 앉아 쉴 공간 없이 사람들이 산장을 채우고 있었다. 한쪽에 이곳을 국유화하는 데 반대한다는 현수막이 걸려 있고, 이에 필요한 서명을 받고 있었다. 이제부터는 더욱 가파른 길이 이어졌다. 얼마 남지 않은 거리에 힘을 내기로 했다.

급경사 길을 한 걸음, 한 걸음 옮겨 백운대가 보이는 백운봉 암문 앞에 섰다. 앞에 오르는 통로는 좁고 경사는 매우 급했다. 쇠말목에 매여 있는 밧줄을 잡아야만 오를 수 있었다. 오르내리는 사람들로 정체가 심했다. 잠시 숨을 고를 기회였다. 오른쪽 인수

봉을 보니 깎아지른 바위에 줄 하나에 몸을 맡기고 기어오르는 사람들이 보였다. 그들은 무슨 생각을 하며 위험을 무릅쓰고 오르는 것일까?

정상 가까이 다다르자, 정체는 더 심했다. 서울에서 가장 높은 곳, 해발 836m의 백운대 정상에 섰다. 태극기가 바람에 힘차게 펄럭이고 있었다. 밤에도 외로이 나부끼고 있을 태극기! 인증 사진도 남겼다. 외국인들도 제법 많았고, 끊임없이 오르는 사람들로 정상에서 오랫동안 있을 수 없었다.

하산 길. 항상 아쉬우면서도 성취감이 있다. 도선 다원에 들렀다. 커피 향이 좋고 따끈함이 피로를 풀어주는 것 같았다. 지하철역까지 어떻게 갈지 고민이 잠시 스쳤다. 신도용 셔틀버스를 타볼까, 택시를 합승할까, 아니면 아예 걸어볼까? 뭉친 다리를 풀 겸 걷기로 했다.

택시들은 바삐 도로를 달리고 있다. 바쁘게 하루를 살아가는 삶의 현장이다. 한결 여유로웠던 마음이 달리는 택시를 보니 다시 내 마음도 달리고 있다.

교동도 여행

친구들과 교동도 나들이를 다녀왔다. 이번 나들이 제목을 '국가안보와 힐링'이라 정했다. 목적지가 민간인 출입이 자유롭지 못했던 서해 북단 교동도였고, 나이 들어가며 좀 더 여유 있는 생활을 하자는 의미를 담았기 때문이다. 아침부터 비가 왔지만, 아랑곳하지 않고 여행길에 올랐다.

교동도로 들어가기 위해서 교동대교를 지나야 했다. 초소에서 빨간 명찰을 단 병사가 나와 확인 절차를 마친 후 빨간 통행 표지를 주었다. 교동도 내에서의 운행허가증인 셈이다. 병사의 행동이 대견하면서도 참 앳돼 보였다. 제복 입은 이들이 좀 더 대접받는 세상이 되면 좋겠다는 생각을 하며 대교를 건넜다. 첫 목적지는 옛 정취가 남아 있다는 교동도 대룡시장.

대룡시장 골목 곳곳에 붙어 있는 포스터 문구에 눈길이 멈췄다.

'개같이 공부해서 정승같이 살아보자' '오고 가는 언쟁 속에 싹트는 아이디어' '내 힘으로 졸업하여 자랑스런 자식 되자' '먹는 만큼 공부하고 싸는 만큼 운동하세' '기계와 머리는 굴려야 산다' '건드리면 뭅니다' 라는 엉성한 문구가 오히려 정겨웠다. 비 때문인지, 시장은 썰렁했다. 호떡 가게 주인에게 물으니, 주말에만 문을 연다고 한다. 쌍화탕이 맛있다는 다방으로 발걸음을 옮겼다.

다방은 침침하였지만, 은은한 음악 소리에 분위기는 아늑했다. 주인은 매우 상냥했다. 이곳을 다녀간 손님들이 남기고 간 사연을 적은 종이가 천장과 사방 벽에 빼곡히 붙어 있었다. 그것도 열 겹은 될듯했다. 쌍화탕을 주문했다. 쌍화탕은 여러 가지 한약재를 넣고 달인 것 같은 향이 나고, 달걀 노른자위가 자리 잡고 있었다. 옛 정취를 느끼기에 충분했다. 다방 주인에게 가볼 만한 곳을 묻자, '망향대'를 추천했다. 이곳은 황해도 사람들이 많이 살았던 곳이라, 그들이 고향을 그리워할 때면 찾던 곳이란다.

다방을 나오며 '국가 안보와 힐링을 위한 여행. 교동 다방에서 따스함을 충전하고 갑니다'라는 글과 일행 5명의 이름을 남겼다.

비는 더 세차게 내리고 있었다. 망향대는 비바람에 떨어져 나뒹구는 낙엽들이 실향민의 아픈 삶을 대변하는 것 같았다. 철책선 건너 한강 황톳물은, 실향민의 아픔은 아랑곳없이 서해로 유유히 흘러가고 있었다. 고향이 바로 지척인데? 실향민들이 이곳에서 고향을 떠올리며 외로움을 달랬을 것을 생각하니 숙연해졌다.

강화도의 맛집에서 점심을 먹고 석모대교를 향했다. 석모도는 몇 해 전까지만 해도 배를 타고 건넜던 곳. 당시 배를 타고 뱃전에서 새우깡을 던져주면, 갈매기들이 얼마나 달려들었었나? 그 추억을 안고 석모대교를 건넜다.

 보문사 주차장은 썰렁했다. 주차장에서 보문사 경내까지 가는 셔틀버스가 보이지 않았다. 날씨 탓인지, 신도들이 거의 오지 않아서 그런 것 같았다. 경내까지 차를 몰고 가는 배려를 받았다. 보문사 석굴에서 법회가 진행 중에 있어, 나도 가부좌를 틀고 자연스레 두 손을 모으고 눈을 감았다. 귀에 들어오는 건 '참회'라는 말 뿐. '참회'란 말이 깊은 울림으로 다가왔다.

 비는 수그러들지 않았다. 빗속을 뚫고 극락보전 법당에 들렀다. 스님의 독경 소리와 빗소리가 어우러져 마음이 한층 더 차분해졌다. 눈썹바위에 올라 드넓은 서해를 내려다보고 싶었지만, 짙게 낀 해무 때문에 포기해야 했다. 발길을 돌렸다.

 비는 더 거세게 쏟아졌다. 비를 피할 겸 동막해수욕장 근처 카페로 들어갔다. 밖은 거친 비바람에 요란했지만, 카페 안은 유리창 하나 사이로 전혀 다른 세상처럼 느껴졌다. 고요하고 아늑한 분위기 속에 지난 추억을 이야기하며 한가로운 시간을 보냈다. 저녁은 바닷가에 온 김에 회를 먹기로 했다. 장소를 대명포구 근처로 정했다. 고향 후배 P와 여러 번 왔던 횟집 이름이 떠오르지 않아 P에게 전화를 걸어 위치를 확인한 후 초지항 어민 공판장 안에 있는 횟집으로 향했다.

  초지항에 도착했을 때 마침 밀물 때였다. 생동감 있게 넘실대는 바닷물을 보니 살아 있는 것 같았다. 주문한 자연산 농어와 노래미회가 나오기 전에 멍게, 해삼, 전복, 소라 같은 해산물이 푸짐하게 나왔다. 곧이어 나온 두툼하게 썬 회가 입맛을 사로잡았다. 빨간 딱지 소주병이 여러 개나 비었다.

  식사비는 이미 P 후배가 지불했다는 말에, '괜스레 횟집 이름을 물어보았나' 하는 생각과 함께 고마웠다.

  식당을 나올 때, 초지대교에는 차량 불빛이 꼬리에 꼬리를 물고 역동적으로 움직이고 있었다.

G1~G4 사진을 보며

척사대회

    고향 마을 이장 M으로부터 대보름맞이 '척사대회'를 연다는 연락이 왔다. M은 말미에 "혹시 찬조 부탁하는 고지서를 보내는 것 같아 고민 많이 했다"라고 덧붙였다. 그 말에 평소 얼굴도 잘 내밀지 않다가 동네 행사에 불쑥 나타나는 것이 오히려 더 쉽지 않다며, 흔쾌히 참석한다고 했다.

    M은 죽마고우로, 진정한 참 농업인이다. 고향을 한 번도 떠나지 않고 묵묵히 근교 농업에 전념하여 신지식인으로 선정되기도 했다. 그러던 어느 날, 그는 곧 사라질지도 모를 마을을 위하여 작은 힘이라도 보태고 싶다는 뜻을 밝혔다. 그의 삶이 어떠했는지 알기에 고맙고도 믿음직스러웠다.

    척사대회 날, 번듯한 마을회관에 '2018년 무술년 보름맞이 ○○리 척사대회'라는 현수막이 걸려 있고, 접수대 뒤편 벽에, 행사에 찬조한 분들 이름과 금액을 적은 하얀 종이가 새끼줄에 걸려 있었다. 낯익은 이름보다 모르는 이름이 더 많았다.

접수대 왼편에는 우승 상품이 산더미같이 쌓여 있고, 오른편에서는 큰 불판 위에 김치와 삼겹살을 먹음직스럽게 굽고 있었다. 삼겹살을 100근이나 준비했단다. 건물 뒤편에서는 큰 프로판 가스불 위에 국수를 삶고 있었다. 동생뻘 되는 남자들이 국수를 찬물에 헹구는 솜씨가 다소 서툴렀지만, 정겹기만 했다. 마당 가운데에는 윷판이 여러 개가 펼쳐져 있었다. 보는 광경만으로도 마음이 푸근했다. 고향의 의미를 피부로 느끼고 있었다. 회관 안에서는 부녀회 분들이 상을 차리느라 분주했다. 상상했던 것보다, 훨씬 풍요롭고 짜임새 있어 보였다. 어린 시절 공회당 앞에서 열렸던 척사대회와 비교하면 천양지차였다.

고향에서 척사대회를 보는 것이 얼마 만인가? 객지 생활 하면서 마을회관에서 열리는 행사에 참여하는 건 이번이 처음이다. 옛 공회당 마당에서 윷놀이하던 분 중 많은 분이 저세상 사람이 되었다. ○○고속도로 건설 현장 책임자로 있을 당시, 설 때 광주 ○○마을 주민들이 윷놀이하는 광경을 보고 얼마나 부러워했었나? 나도 모르게 그때의 허전함을 채우고 싶었다.

회관 앞마당에는 윷판이 벌어졌다. 술상도 차려져 있다. 윷을 던지며 '모'나 '윷'이 나오면 한 잔, 상대편 말을 잡으면 한 잔, 잡혔다고 한 잔. 오가는 술잔 속에 정이 넘쳤다. 모인 사람 중에는 낯익은 얼굴이 더 많았다. 참 오랜만에 뵙는 분들이다. 그분들도 세월의 흔적을 피할 수 없었다. 오랜만이라고 악수를 청하는 분들의 손은 투박하고 거칠었다. 거짓 없이 흙과 친밀한 시간을 보낸 손이다. 내 손이 부끄럽게 느껴졌다.

형님뻘 되시는 분이 삼겹살 굽는 곳으로 나를 불러 술을 권했다. 그 술이 순하게 느껴졌다. 술이라기보다는 고향의 정을 마시는 듯했다. 긴장할 것도, 누구 눈치를 볼 것도 없이 어린 시절로 돌아가고만 싶었다. 나이를 잊고 싶었다. M과 동네 돌아가는 이야기를 나누고 있는데, 먼발치에서 "어머, 너 인규 아니냐?"라는 소리가 들렸다. 그곳을 돌아보니 어머니 생전에 어머니와 가까이 지내셨던 분이었다. 고향에서 불리던 내 이름, '인규'라는 이름이 낯설면서도 따뜻했다. 마치 어머니를 다시 뵙는 듯, 가슴이 울컥했다. 겨울이면 마을회관에서 동네 분들과 시간을 보내시던 어머니의 모습이 떠올랐다. 마침, 그때 동네 남자 중 최고령인 아버지가 오셨다.

자리를 옮겨 외지에서 사업하는 후배 P와 윷을 놀았다. 그는 부부가 함께 참석했다. 나는 P를 동네에서 입지전적인 인물로 평가한다. 맨손으로 사업을 일군 그의 애환을 잘 알고 있다. 내가 현직에 있을 때, 내게 누가 될까 봐 찾아오지 않았다는 것을 퇴직 후에 알았다. 참 심지가 깊은 후배다. 어쩌면 그도 나처럼 객지에서 고향을 그리워하며 참여한 것 같았다. 그와 또 한 잔. 말이 잡히면 또 한 잔, 잡혔다고 또 한 잔. 누가 이기는 게 무슨 의미가 있을까?

다음은 고향 근처에서 사업하는 친구와 놀았다. 말을 놓아주는 형님들, 윷판을 구경하는 동네 분들…. 객지 생활하면서 얼마나 그리워했던 풍경인가. 분위기에 취해 흥겹기만 했다. 따뜻한 잔치국수로 배를 채웠다. 회관 안으로는 연신 국수가 들어가고 삼겹살 굽기도 바빴다.

가슴 한구석이 허전해지는 것은 무엇 때문일까? 고향 옛 모습이 떠올라서일까? 고향은 비록 농촌이지만 외형은 완전히 바뀌었다. 비포장길은 포장도로가 되었고, 개구리 울음소리는 자동차 소리가 대신하고 있다. 주민들도 본토박이보다 외지인이 더 많다. 어린 시절 썰매 탔던 논에는 창고가 들어섰고, 산업단지가 조성되었다. 공동 빨래터도 사라졌다. 옛 지명 역시 기억 속으로 사라져 가고 있다. 지각동산, 갓난냇께, 번개 도랑, 용해물 자리, 윗밭 뒤, 아랫밭 뒤, 돌개미, 매봉제, 능 너머, 밤나무골, 양짓말, 샛말, 뒷말 등…. 초등학교 가는 지름길이었던 황새고개도 풀이 우거져 길이 없어진 지 오래되었다. 부락장이 저학년을 데리고 등교하던 풍경도 사라졌다.

고향 마을도 언젠가 수도권 개발로 지금의 정취마저 사라질 날이 조만간 올듯하다. 고향은 마음속 안식처다.

그의 눈빛

    나우정에도 여름 초입에 접어들었다. 처음과 비교하면 제법 모양새를 갖췄다. 돌 하나, 나무 하나도 내 손길을 기다리고 있어 할 일이 많지만, 하나둘 해결되어 가는 것을 보면 뿌듯하기도 하다. 등을 타고 흐르는 땀을 식히려 그늘에 앉아 팔봉산을 바라보니 지난겨울 온다고 했던 장 사장이 생각나 전화를 걸었다. 그의 유쾌하고 힘찬 목소리가 건너왔다.

    "아이고. 박 형~ 미안합니다. 내가 전화해야 했는데…. 어디요?"

    "홍천. 작년 겨울에 청평댐이 얼면 사륜 바이크 타고 온다고 하더니 소식이 없어 전화했어요"

    "아, 그러게요. 뭐가 그리 바쁜지. 박 형은 별일 없지요?"

    "예, 잘 있지요. 장 사장 건강 좋아졌단 소식 들었어요. 이번 여름엔 꼭 우리 집에 와 막걸리나 한잔합시다"

"그러죠. 박 형, 그럼 내가 미사리에서 마곡까지 수상스키 타고 갈 테니, 그쪽으로 마중 좀 나와요"

"아~ 좋지요. 그럽시다"

그는 나와 한 회사에서 30년을 함께한 지기다. 부서 책임자로 있을 때 사무실도 서로 마주하고 있어 아침체조나 점심때 함께 다니곤 했다. 그의 취미는 참으로 다양했다. 특히 물에서 하는 놀이는 거의 다 섭렵한 것 같았다. 시간만 나면 국내는 물론 외국으로 스킨스쿠버 여행을 다녀오기도 했다. 우리는 둘 다 퇴직 후, 전원생활을 꿈꿨다. 그는 퇴직이 가까워져 오자 가평군 설악면 미사리에 거처를 마련해 놓고 월요일이면 주말에 있었던 것을 사진으로 보여주곤 했다. 더 나아가 수상 레저 스포츠 자격증을 따겠다며 분주했다.

우리는 같은 날 함께 퇴임했다. 퇴임 후에는 각자의 바쁜 생활로 자주 보지는 못했지만, 소식은 듣고 있었다. 어느 날 그가, 췌장암 수술을 했다는 소식을 접했었다. 하지만 일찍 발견하고 의술이 발달하여 거의 완치 수준이라며 걱정하지 말라며, 오히려 나에게 웃어주던 그였다. 건강이 회복되었다며 끊었던 술도 가까이하고 운동도 하며 발병 전보다 더 활기차게 사는 그의 모습을 보며 참 다행이다 싶었다. 만혼으로 뒷바라지해야 할 자식이 있어 퇴직 후에도 일해야 한다며 바삐 움직였던 그였다. 그처럼 나도 전원생활을 꿈꾸던 터라 팔봉산이 보이는 이곳에 자리를 잡았다. 그가 마곡까지 수상스키 타고 온다는 그의 약속을 상기했던 거다.

　녹음이 우거지고 그 녹음이 불탈 지경이 되어도 그는 오지 않았다. 나도 여러 가지 일로 바빴고, 그가 바쁘려니 했다. 가을이 깊어진 어느 날 퇴직자 모임에서 그의 소식을 들었다. 한 친구가 안타깝다며 말했다.
　"장 사장이 암이 재발했대"
　"뭐라고?"
　순간 활기차던 그의 목소리를 생각하며 멍하니 있었다. 그럴 리가? 그때 목소리로 보아 아주 건강해 보였는데…. 그래서 오지 않았나? 병문안 이야기가 나오는데 한 친구의 말에 다들 숙연해졌다.
　"자신 모습을 보이기 싫다고 병문안도 거절한대. 얼마 전에 유언장도 작성했다고 하던데"
　집으로 돌아오는 길, 호스피스 병동에 있으면서 유언장도 작성했다는 것이 믿기지 않았다. 설마? 가슴 한구석이 시리고 뭉텅이로 떨어져 나간 것처럼 마음을 종잡을 수 없었다. 휴대전화에서 그의 이름을 찾았다가는 닫았다. 다음 날, 망설이다 전화를 걸었다. 신호만 길게 갈 뿐, 답이 없다. 치료 중일까, 아니면 내 전화도 거절하는 걸까? 다시 한번 해보았지만 받질 않았다. 마음이 아팠다. 그리고 이틀이 지났을까? 그의 이름이 찍힌 전화가 울렸다.

전화를 바라보며 반갑기보다 가슴이 떨렸다. 일부러 태연하게 목소리를 한 톤 높여 씩씩하게 전화를 받았다.

"어~ 장 사장!"

전화기에서는 낯선 여자 목소리가 들렸다.

"아~ 안녕하세요? 저~ 장○○ 딸인데요"

순간 '큰일을 당한 건가' 하는 생각에 말을 잇지 못하자, 물기 섞인 그녀의 목소리가 이어졌다.

"저…. 아버지가 호스피스 병동에 계세요. 아버지가 전화하라고 해서 했어요. 제가 실례인 줄 알면서 전화를 드렸어요"

"아이고, 잘하셨어요. 오히려 고마워요"

병원 이름과 병실 호수를 묻고, 조만간 찾아가겠다며 전화를 끊었다. '마지막 수순을 밟는구나!' 싶어 마음이 급해졌지만, 그와 대면할 생각에 차마 발길이 쉽게 떨어지지 않았다. 같이 근무했던 몇몇 동료들에게 전화했더니 다녀온 동료도 있었다. 이에 후배 한 명과 함께 병문안을 가기로 했다. 다음 날 내가 손주와 함께 찍은 프로필 사진을 장 사장이 보았는지, '참 부럽네요'라는 메시지가 왔다. 그는 나를 잊지 않고 있었다. 이에 나도 그에게 '소식 접했습니다. 내일 가서 뵙겠습니다'라고 답했다.

병원은 아픈 이들의 마음은 아랑곳없다는 듯 당당한 품새로 서 있었다. 병원 로비에서 서성이다 그를 만나면 무슨 말을 해야 할까? 삶의 종착역에 온 것을 뻔히 알면서 괜찮을 거라는 거짓말로 위로해야 할까, 안쓰러운 눈물을 흘려야 할까, 그냥 돌아갈까? 마음이 정리가 안 되었다. 밀려들듯이 엘리베이터를 탔다. 오늘따라 엘리베이터는 빠르기도 했다. 병실을 찾았다. 병실 문에서 그의 이름을 확인하는 순간 차가운 전류가 온몸을 훑고 지나갔다. 아직 젊은데, 그에겐 아직 해야 할 일이 많을 텐데…. 회사에 착실히 다니며 열심히 일했고 이제 조금 여유를 가지려는 게 그리 큰 죄인가? 지난날 국정감사로 별도 감사원 감사를 받고 결론이 날 때까지 속상해하던 그의 모습이 보였다.

혼자 들어가 그를 대면할 용기가 나지 않아, 아직 도착하지 않은 후배에게 병실 옆 휴게실로 오라고 전화하고 휴게실로 갔다. 휴게실은 아늑하고 따듯했다. 벽에 김수환 추기경의 온화한 미소가 담긴 커다란 액자가 눈에 들어왔다. 휠체어에 앉아 있는 노파가 가족인 듯 몇 사람과 웃으며 담소를 나누고 있었다. 그들의 표정과 이곳의 분위기는 여기가 호스피스 병동인 것을 잊게 했다.

잠시 후, 후배와 함께 그의 병실 앞에 섰다. 병실 문을 열었다. 친구는 눈을 감고 누워 있고, 딸이 병상 옆에 앉아 있었다. 평소 그의 모습을 찾을 수 없었다. 우리가 온 것을 알고 마른 삭정이 같은 손을 내밀었다. 그의 침대 옆에 서서 내민 손을 잡았지만, 그와 눈길을 마주칠 용기가 나지 않았다. 그는 입술을 힘겹게 밀어 올리며 "반갑다"고 했다. 그에 대한 답을 손으로 전할 수밖에 없었다. 그에게 무슨 말을 했는지 기억이 없다. 그는 잔인하리만치 의식은 땀이 맺혀 있었다. 나와 같이 간 후배는 의연하게 보이려고 애쓰는 그의 모습이 안쓰러워 입술을 굳게 다물고 있다.

약간의 시간이 흘렀다. 오랜만에 우리를 만나 용을 써서 그런지, 열이 오른 듯 딸에게 얼음을 달라고 했다. 얼음을 입에 넣고 오도독오도독 깨물었다. 약해진 장기에 무리해서 찬 얼음을 먹어서일까? 갑자기 헛구역질하며 배를 잡고는 의사를 부르라 했다. 우린 뭔가 당혹감에 휩싸였다. 의사가 곧바로 들어와 주사를 놓고 나갔다. 나는 장 사장의 손을 잡고 그의 고통이 가라앉기를 기다렸다. 장 사장은 누워서도 여전히 괴로운지 가슴을 들썩이며 헛구역질을 해댔다. 감겨 있는 푹 꺼진 눈에 눈물이 고였다가 눈꼬리를 타고 힘없이 흘렀다. 조금 가라앉았는지 그가 감았던 눈을 뜨는 순간, 나와 눈빛이 정조준하듯 마주쳤다. 짧은 순간이었지만 눈빛에 무언가를 실어 보내는 것 같았다. 그러더니 내 손을 한 번 더 힘주어 잡더니 힘없이 "가….''라며 손을 놓으려 했다.

나는 다시 그의 손을 힘주어 잡았다 놓으며, 우리가 헤어질 때 늘 하던 대로 거수경례를 붙이며 짐짓 밝은 목소리로 또 오겠다고 했다. 그도 희미한 웃음을 띠며 엉성한 거수경례로 답했다. 그 순간, 속에서 뜨거운 무엇인가가 훅 치밀어 올랐다. 우리를 배웅하려는 장 사장의 딸을 만류하고 말없이 엘리베이터 앞으로 걸으며 서로의 시선을 피한 채 엘리베이터의 숫자만 바라보았다.

거리로 나왔다. 불빛은 화려하고 사람들의 움직임도, 웃음도,

말소리도….

모두, 모두가 싱싱했다. 물기 잃은 낙엽이 바람에 날아올랐다. 뒤돌아서 병원을 바라보았다. 같이 간 후배도 발걸음을 멈추고 병원 건물을 쳐다보았다. 그가 침묵을 깼다.

"선배님, 어디 가서 술이나 한잔하시죠"

10여 일 후, 그는 멀리 떠났다.
그의 눈빛을 잊을 수 없다.

옷 수선

오후 내내 아내가 낮은 테이블 앞에서 한참 동안 무언가를 하고 있었다. 평시 하는 십자수를 하는 줄 알았는데, 손바느질하는 거였다. 저녁을 먹는데 아내가 오늘 속상한 일이 있었다며 들어보란다.

이곳으로 이사 온 지 17년. 그간 옷 수선할 일이 생기면 아내는 항상 상가에 있는 그 수선집만 다녔다. 이유는 그곳 여자 사장님이 교양 있고, 요구한 대로 솜씨 있게 옷을 수선해 주며, 무엇보다 그곳에 가면 마음이 편안했기 때문이란다. 자주 가는 편은 아니지만, 긴 세월 다니다 보니 자연스레 친숙해졌다. 아내는 옷을 맡길 때마다 "연세 드셔서도 집에 있지 않고 이렇게 일할 수 있다는 게 큰 행복이죠. 항상 건강하세요"라는 덕담을 잊지 않고 건넸다고 한다.

가을이 접어들면서 지난해 입었던 옷을 수선할 일이 생겨, 아내는 평소처럼 그 수선집을 찾았지만 문이 닫혀 있었다. 문에 며칠 후에 다시 연다는 쪽지가 붙어 있어 아내는 급한 일이 아니기에 돌아왔다. 수선집 문을 연다는 날 다시 찾아갔다. 사장님은 반가워하며 그 자리에서 바로 수선을 해주었다.

계절이 바뀌어, 또 수선할 옷이 생겨 그 수선집을 찾았지만, 이번에도 문이 닫혀 있었다. 이번엔 문을 연다는 날짜가 훨씬 길었다. 아내는 다른 곳으로 갈까? 고민하다가 다음에 다시 오기로 하고 발길을 돌렸다. 문 연다는 날 다시 찾아갔더니, 사장님의 표정이 평소와 달리 어딘가 이상했다. 여쭈어보니 넘어져 병원에 입원했다가 오늘 처음 나온 거라고 했다. 하지만 넘어졌다는 말과는 달리 사장님의 말투와 표정이 어눌해 보였다. 그동안 보았던 분이 아니었고, 어딘가 허전한 느낌이 들었다. 대수롭지 않게 여기고 수선할 내용을 말씀드린 후, 오늘 옷을 찾으러 갔더니 황당한 일이 벌어졌다고 한다.

옷은 요구한 대로 되어 있지 않았고, 누가 봐도 이해할 수 없을 정도로 엉망이 되어 있었다. 안감이 바깥으로 나오게 재봉질이 되어 있었고, 아내가 요구했던 사항을 다시 말씀드리자, 사장님이 "그렇게 주문해 놓고 왜 딴소리를 하느냐?"며, 지금껏 보지 못한 노기가 서린 모습으로 화를 냈다. 잠시 당황하고 있는 사이 사장님은 안감을 자르고 재봉질하더니 옷을 던지듯 내밀며 가라 했다.

옷은 더 엉망이 되어 있었다고 한다. 순간 화를 표현해야 할 것 같았지만, 나이 드신 분께 그동안의 정을 생각해 따지지 않았다고 했다. 오히려 빨리 자리를 피하는 게 답인 것 같아 비용을 지불하고 나왔단다. 집으로 오면서 건강에 큰 문제가 없길 바라며 돌아왔다고 했다. 그 옷을 오후 내내 실밥을 뜯고 손바느질로 다시 고쳤다는 것이다.

나는 한심하다는 듯이 "바보같이 따지지도 않고 왜 그냥 갖고 왔어?"라며 핀잔을 주었다. 아내는 "나이 드신 분이 건강에 뭔가 문제가 있는 것 같아서 따질 수가 없었어. 그냥 속상한 마음으로 갖고 온 거야"라고 했다. 그러면서 아내는 앞으로 저 수선집에 손님이 올까 싶다며, 피붙이도 아닌데 슬픈 마음이 들더란다. 이제는 그 집에 더 못 갈 것 같다는 생각이 들자 더 속이 상했다고 한다.

지하철 내 자리

 지공 선사 반열에 든 지도 몇 해가 지났다. '지공 선사'란 선인이나 도인을 일컫는 말이 아닌, 지하철을 무료로 타는 노인을 표현하는 말이다.

 친구들과 점심 모임이 있어 집을 나섰다. 출근 시간이 지나서인지 지하철은 한산했고, 몇 사람만 서 있었다. 별생각 없이 서 있는데, 앞에 앉아 있던 젊은 여성이 자리를 양보했다. 순간 어떻게 해야 할지 몰라 당황스러웠다. 사양하기도 애매했고, 그렇다고 냉큼 앉는 것도 어색했다. 엉겁결에 "다음 역에서 내립니다"라며 다음 역에서 내렸다.

 그때부터 혼란스러웠다. 꼭 내려야만 했을까? 정중하게 사양하면 될 것을 괜히 미련스럽기도 했다. 자리를 양보받아야 하는 모습으로 보였던 걸까? 쓸쓸함이 남았다. 한편으론 양보해 준 사람이 어떤 사람일지 따뜻한 마음에 감사하기도 했다. 그런 생각이 드는 와중에도 지하철은 아무 일 없다는 듯이 오고(도착), 가고(출발)를 반복했다. 헛헛한 마음이 들며 마치 집단 속에 외톨이가 된 것 같았다. 어른이 빨리 되고 싶었던 게 엊그제 같은데 벌써 이렇게? 요즘 몸이 예전 같지 않다는 걸 새삼 느낀다. 빵빵했던 엉덩이 살은 어디로 갔는지, 이마는 더 넓어졌고, 기억력도 희미해진다. 노년의 길로 접어드는 것을 멈출 수 있을까? 요즘은 지인의 부음 소식도 간간이 들려온다. 그때 스마트폰이 울렸다. "어디쯤 오냐. 빨리 와!" 만날 시각이 이미 지났다.

친구들에게 늦은 이유를 이야기했고, 방금 겪은 일이 안주가 되었다. 우리는 같은 회사에서 30년을 근무하고 퇴직한 지 13년이 된 친구들이다. 모두 처음 만났던 때의 모습은 다들 세월과 함께 변했다. 의견은 갈렸다. "흘러간 물은 물레방아를 돌리지 못하지만 소리는 낼 수 있지 않나"라는 말을 즐겨 하던 친구는 당당하게 다음부터는 경로석으로 가란다. 반면, 염색만 하면 여전히 30대로 보이는 친구는 굳이 가지 말라며 반대했다. 듣고 있던 친구가 오늘 건배사는 본인이 하겠다며 술잔을 따르라고 했다. '청바지(청춘은 바로 지금부터)!' 하면 '백두산(100살까지 두 발로 산에 가자)!'을 외치란다. 그렇게 술잔이 돌았다.

집에 돌아와 직장 생활 하는 딸에게 지하철에서 있었던 일을 이야기하니 냉정하게 말했다.

"아빠 생각이 짧았네요. 왜, 젊은 사람 앞에 서 있었어요?"

지하철 한 칸에 54석 중 12석이 경로석이라며, 그 자리가 왜 필요한지 생각해 보란다. 밤샘하고 퇴근하는 사람일 수도 있다며, 앞으로는 무조건 경로석에 가란다. 그곳에 앉고 안 앉고는, 아빠 몫이지만, 젊은 사람 앞에 서서 자리를 양보받지 않더라도 그 사람은 불편했을 수 있다는 말에, 할 말이 없었다.

그 후로는 경로석 앞이 내 자리다.

어느 노부부의 점심

친구가 인덕원 인근에 있는 낙지 전문점으로 셋을 초대했다. 궂은 날씨엔 생선회보다 낙지비빔밥이 좋을 것 같다며 선택한 장소란다.

장맛비로 눅눅했지만, 식당 안은 상쾌했고 음식도 입에 딱 맞았다. 우리는 구석 자리에서 막걸리를 곁들여 점심을 즐기고 있었다. 그때 먼발치에서 흰 한복을 입은 손님이 들어오는 게 보였다. 궂은 날씨에 한복이라니? 문밖엔 대기 중인 사람들도 있어 입소문대로 맛집이었나 보다 싶었다. 대기 손님들을 생각하니 자리를 빨리 비워줘야겠다는 생각에 커피는 밖에서 마시기로 했다. 일어서는 길에 한복 입은 손님에게 눈길이 갔다. 80대 초반쯤 되어 보이는 남자는 한 뼘 넘는 수염이 인상적이었고, 앞에 앉아 있는 분은 부인 같았다.

차를 마시면서도 내 시선은 유리창 건너 노부부에게서 떠나지 않았다. 노인의 옷차림이 사치스럽지도, 누추하지도 않아 더 품위 있어 보였다. 비빔밥을 드시며 막걸리 한 병을 나누고 있었다. 막걸리를 한 모금 마시곤 비빔밥을 한 수저 떠드시고, 두 분은 무슨 이야기를 그리 재미있게 하는지, 할아버지는 연신 웃으며 수염을 쓰다듬었다. 마치 밥이 아닌 오래 간직해 온 추억을 한 수저씩 음미하는 것 같았다. 눈에 비친 두 분의 모습은 육신은 세월에 따라 약해졌어도 정신은 더 따뜻하고 풍족해 보였다.

식사를 마쳤는지 두 분이 일어섰다. 할아버지는 계산대로 향했고, 꾸부정한 허리에 한 손에 술병을 들고 뒤따라가는 할머니의 모습이 인상적이었다. 저 병에 얼마의 술이 남아 있을까? 다 마셔도 될 텐데….

시간 여유가 있어 청계사로 향했다. 청계사로 가는 길 내내 그분들의 모습이 떠나지 않았다. 그분들의 근심 걱정은 무엇일까? 무슨 이야기를 그렇게 재미있게 나눴을까? 숱한 생각들이 머릿속을 스쳐 지나갔다. 훗날 나에게도 저 나이가 올 텐데, 그때 내 모습은 어떨까? 삶의 무게를 어떻게 내려놓을 수 있을까? 잘 익어가는 삶을 위해서는 어떻게 해야 하는 것일까?

부부의 연으로 잡았던 손을 누군가는 먼저 놓아야만 되는 것이 운명이겠지. 그런 생각을 하니 정겹게 보였던 것들이 왠지 쓸쓸해 보였다.

청계사 대웅전에 들러 참배의 시간을 가졌다.

평온이 깨지다

    2019년 코로나 발생 이후 근 3년간 코로나를 잘 피해왔다. 백신 덕도 있었겠지만, 아내 잔소리도 한몫했을 것이다. 아내는 우리가 코로나에 걸리면 매일 보다시피 하는 손자에게 옮길 것이고, 아버님께도 영향을 줄 거라며 항상 주의를 주곤 했다. 그동안 외출도 자제했고, 미심쩍은 모임에는 참석하지 않았으며 정부 지침을 순한 양같이 따랐다.

    2022년 12월 6일, 오늘은 77,604명이 감염되었다. 우리나라 코로나 누적 확진자는 27,408,854명으로 인구 2명 중 한 명이 감염된 셈이다. 우스갯소리로, 코로나에 걸리지 않은 사람은 사회성이 떨어지는 사람이라는 말도 생겼다. 그동안 밀접 접촉자로 분류되어 PCR 검사를 받은 적도 있고, 음식점 방문 기록으로 검사받은 적도 있었다. 자가 PCR 검사까지 포함하면 자의 반 타의 반으로 총 10회나 검사를 받았다. 그간 거리 두기라는 이름으로, 규제(행사 인원 제한, 참여자 명단 기록, 영업시간 제한)했을 때도 걸리지 않았는데, 오늘 감염자 중에 나도 포함되었다. "확진입니다"라는 말에 평온은 깨졌다.

확진 받던 날

30여 년 전, 건설 현장에서 인연을 맺었던 분들께 점심을 대접하기로 한 날이다. 아침에 컨디션이 평소와 달리 기침이 나며 열이 났다. 순간 불길했다. 모임에는 나보다 연세 많은 분도 계셨고, 멀리 당진에서 오시는 분도 계셨다. 자가 PCR 검사를 해보니, 아내는 한 줄, 나는 두 줄. 아무리 보아도 두 줄이다.

병원에서도 역시 두 줄이 나왔다. 지금부터 격리하라며 코로나 확진 판정 서류와 처방전을 받았다. 격리라는 말에 갑자기 낙오자가 된듯했다. 약국에서도 나를 멀리하는 것만 같았다. 집으로 돌아오는 길, 아내와 아버지, 손자는 괜찮을까? 앞으로 어떻게 해야 하지? 심란하기만 했다. 아버지가 다니시는 주간보호센터에 바로 알렸다.

아내와 나 사이에 보이지 않는, 좁힐 수 없는 간격이 생긴 것 같았다. 나는 안방에서 지내겠다고 했다. 안방에 격리된 지 1시간도 채 지나지 않아 방 안에서 일주일을 견디지 못할 것만 같았다. 좀 이 쑤시는 것 같았고 안방에 머무른다 해도 공기 흐름을 완전히 막을 수 있을까? 여러 생각 끝에 나우정에 혼자 가 있기로 하고 아내의 동의를 받았다. 나우정으로 출발하는 짐이 꽤 묵직했다.

도대체 어디서 감염된 것이고 잠복기 동안 누구를 만났던가? 누구에게 전파했을까? 불길한 생각이 끊이질 않았다. 그 중심에는 아내, 아버지, 손자가 자리 잡고 있었다. 곧장 나우정에 도착했다. 얼마 후 아버지는 음성이라는 소식이 왔다.

나우정 생활

나우정은 아주 외딴 곳에 있어 지역 주민들께 전염될 염려가 없는 장소다. 무언가에 얽매였던 것에서 해방된 듯한 기분이었지만, 몸은 그렇지 않았다. 지인들에게 코로나 확인서를 보내며 당분간 모든 약속을 취소한다고 전했고, 사촌 형님 칠순 잔치에도 참석하지 못한다고 전했다. 오후부터 몸은 차츰차츰 깊은 수렁으로 빠져드는 것 같았다. 통증, 특히 목 통증이 심했고, 열은 38.8도를 오르내렸다. 저녁에는 기침이 나기 시작하면 창자가 끊어질 듯했다. 기침이 멈추질 않았다. 아랫입술이 터졌다. 아내는 "밥은 제대로 챙겨 먹었느냐"며 걱정 어린 전화를 수시로 했다. 아내 목소리가 아침때와 비교하니 결이 다른 것 같았다. 오후에 다시 검사한 결과 한 줄이 나왔다며 병원에서 감기약 처방을 받아 왔단다. 그러나 나의 바람과는 다르게, 아버지는 이틀 후, 아내는 사흘 후에 확진 판정을 받았다. 아버지는 무증상이었다. 아버지의 무증상과 손자가 무사하다는 게 위안이라면 위안이었다. 아내마저 확진되었다는 소식에 나우정에 홀로 격리할 이유가 없어졌다. 홍천보건소에 연락하고 서울로 돌아왔다.

해제까지

아버지는 본가에서 홀로 머물렀고, 아내와 나는 집 안에서 철저하게 감금 생활에 돌입했다. 나우정에서 혼자 있는 것보다 훨씬 마음에 여유가 생겨 가끔 농담도 나누곤 했다. 며느리가 문 앞에 놓고 간 음식과 딸이 배달로 보낸 음식을 먹으며 입맛을 돋울 수 있었다. 긍정적으로 생각하자면, 결혼 42년간 이렇게 오랜 시간을 좁은 공간에서 함께 보낸 적이 없었다. 약에 취한 탓인지 서로 깊은 잠에 빠져 있기도 했다. 아내 자는 모습을 물끄러미 내려다보니 마음이…. 아내도 많이 힘들어했다. 나는 아내의 격리 해제일을 나의 해제일이라 생각하고 기다렸다.

해제 이후

해제되는 날, 깔끔하게 샤워하고 외출했다. 격리로부터 해방된 자유, 떳떳한 사회 일원이 된 것 같았다. 그러나 후유증 탓인지, 아니면 날씨가 추워서 그런지 기침이 계속 났다. 그럴 때마다 주변 사람들이 나를 쳐다보는 것만 같았다. 오늘 아침 아버지께서는 "젊은 애들이 몸이 그렇게 약해서 어디다 쓸 거냐?"는 말씀을 하셨다. 손자는 다행히 감염을 피했다. 손자는 할머니 할아버지가 해제되고 열흘 만에 우리 집에 왔다. 맞벌이하는 아들과 며느리도 고생 많았다. 평온한 시간이 다시 돌아왔다.

후각을 많이 잃었다.

토왕성폭포 후유증

    토왕성폭포 전망대 입산 통제가 45년 만에 해제되었다. 입산 통제가 해제되었다는 소리에 토왕성폭포 전망대에 다녀왔다. 비룡폭포에서 전망대까지 오르는 900여 개 계단을 오르는 게 만만치 않았다. 힘은 들었지만, 전망대에서 바라본 토왕성폭포는 우리나라 최장폭포(320m)답게 멀리서 보아도 웅장하며 힘이 느껴졌다.

    아내와도 가고 싶었다. 토왕성폭포 다녀온 이야기를 하며 함께 가자고 했다. 며칠 후 아내와 속초 여행길에 올라, 토왕성폭포 전망대를 향하여 출발했다. 설악산은 연두색 봄옷으로 갈아입고 있었다. 30년 전 아이들과 비룡폭포 다녀왔던 길을 따라 당시에 있었던 일들을 떠올리며 걸었다.

    비룡폭포는 어김없이 힘차게 물줄기를 쏟아내고 있었다. 먼저 와 있던 등산객들이 환호 소리를 내기도 하고, 사진 찍기에 여념이 없었다. 토왕성폭포 올라가는 안내문을 보고, 아내가 걱정스럽게 말을 건넸다.

"저기를 꼭 올라가야 해요?"

"당연하지. 왜?"

"아무래도 못 올라갈 것 같아. 계단이 900개나 된다고 하잖아요"

"올라가다 쉬고 또 쉬면 되니까 염려 말아"

처음에는 내가 앞장서고 아내는 뒤에 섰다. 점점 거리가 멀어지기 시작했다. 아내가 먼저 앞서기로 했다. 아내 숨결이 점점 거칠어졌다. 겨우 전망대에 도착했다. 아내의 뺨은 발그스레하게 변했고 샤워한 것 같았다. 아내는 나와 달리 성취감보다는 힘겨워하는 모습이 역력했다.

내려오는데 아내는 무릎이 이상하다고 했다. 얼마 지나지 않아 무릎이 아프다며 계단 몇 개를 내려오다 쉬고 또 쉬기를 반복했다. 올라가는 시간보다, 내려오는 시간이 훨씬 더 걸렸다.

그 후 아내는 왼쪽 무릎이 아프다며 통증 클리닉을 찾았다. X-ray 결과 염증이 있다는 진단을 받고 약과 주사 치료를 받았지만, 통증은 쉽게 사라지지 않았다. 무리하게 전망대에 다녀온 것 같아 미안하기만 했다. 저녁이면 더 아팠다. 엎질러진 물처럼 어쩔 도리가 없었다.

아내에게 해줄 수 있는 것은, 아내가 집에서 하던 일 일부를 도와주는 게 전부였다. 다니는 병원에서 차도가 없어, 무릎 전문 병원에 가서 진료받자고 하면 싫어했다. 과잉 진료 할 것 같고, 믿음이 안 간다며 대학병원에 예약했다. 딸이 몇 가지 주의 사항을 알려주었다. 무릎에 하중을 가하지 말라는 이야기였다. 아내는 삶의 질이 낭떠러지로 떨어진 것처럼 우울해했다. 아침이면 대학병원 갈 날이 며칠 남았다며 제대를 앞둔 사병같이 병원 갈 날만을 손꼽아 기다렸다.

대학병원에 그간 진료받은 자료를 갖고 갔다. 이렇게 통증이 심한 것은 다른 원인일 거라며 통증 완화제 처방과 함께 MRI 촬영을 권했다. 혹시 수술까지 해야 하는 것은 아닌지, 아니면 다른 큰 병이라도 있는 것은 아닌지?

MRI 판독 결과 무릎 연골이 파열되었다고 했다. 토왕성폭포 전망대 오르는 계단 앞에서 나를 쳐다보던 아내 눈빛이 떠올랐다. 미안하기도 하고 후회스러웠다. 의사는 약 3개월간 약으로 관리해 보고 나서 다음 단계를 어떻게 할지 판단하자고 했다.

하루빨리 완쾌될 수 있도록 옆에서 도와주는 것이 최선이다. 지금은 정기적으로 병원에 다니며 관리하고 있다. 무릎이 아프다는 소리만 나오면 쥐구멍에라도 들어가야 할 판이다. 무식하면 용감하다고 했던가.

딸과 퇴근하며

   딸은 워킹 맘이다. 1시간이나 소요되는 거리를 대중교통으로 출퇴근하니, 힘이 들 법도 한데 불편한 기색 하나 없이 다닌다. 아내가 교사로 재직할 때 둘째를 임신한 상태에서 세 번이나 버스를 갈아타며 1시간 이상 걸리는 거리를 출퇴근했었다. 그래서인지 아내는 딸 출퇴근 때의 어려움을 누구보다 잘 알고 있는 듯, 늘 안쓰럽게 생각한다. 시간 날 때면 딸을 퇴근시켜 주자고 한다. 덤으로 얼굴도 볼 겸. 퇴근 무렵 시간이 맞으면 종종 딸을 퇴근시켜 주고 있다.

   결혼을 앞두고 딸은 조심스럽게 신혼집에 대해 상의하자고 했다. 대화의 주제는 신혼집을 어디다 정할 것인가였다. 시댁에서는 신혼집을 딸의 직장 근처로 정하라고 권했단다. 딸의 직장은 우리 집에서 지하철로 두 정거장 거리에 있다. 신혼집을 알아보는 중, 시어머니께서 손주가 태어나면 돌봐주시겠다고 했단다. 이에 아내는 나중에 이사하느니 차라리 처음부터 시댁 근처에 집을 잡으라 했다. 아내는 직장을 다니고 있어 손주를 돌볼 형편이 못되었기 때문이다. 시댁에서는 신혼집을 시댁과 가까운 곳에 정하면 우리가 서운해하지 않겠느냐 했지만, 우리는 시댁 근처에 집을 장만하는 것이 아이 양육에 더 좋을 것 같다고 했다. 그 후 여러 논의 끝에 시댁 인근에 신혼집을 꾸렸고, 첫 외손주가 태어난 후, 시댁 아파트 바로 옆 동으로 이사를 했다.

서로 시간이 맞는 날 딸 퇴근 시각에 맞춰 도착하면, 퇴근하려는 많은 사람들 중, 딸이 한눈에 보였다. 딸은 한걸음에 달려와 차에 오르며 "아빠" 하고 부른다. 언제 들어도 좋았다. 딸은 언제나 엄마보다 아빠를 먼저 부른다. 이에 아내는 딸에게 정치적이라며 "어떻게 엄마보다 아빠가 먼저냐?" 하는 농담을 한다. 그러나 딸이 엄마와 훨씬 자주, 그리고 길게 전화 통화를 나누는 건 비밀이 아니다.

딸은 시댁 인근에 살면서 시부모님의 사랑을 받으며, 남편과 알콩달콩 살고 있다. 매일 아침 출근할 때 아이를 시댁에 맡기고, 퇴근 후 데리고 온다. 손자를 돌보는 사돈의 정성이 대단하다는 것을 알고 있다. 갓난아이가 TV를 보는 게 좋지 않다며 거실에 있던 TV를 아예 치운 안사돈이시다. 아내가 안사돈께 감사의 인사를 전하면, 안사돈은 손자를 보는 일이 즐겁고 행복하다며 걱정하지 말라고 하신다. 아이를 돌보느니 콩밭을 맨다는 속담이 있듯이 아이를 돌보는 일이 쉬운 일이 아닌데, 내색 없이 기꺼이 돌봐주시는 안사돈에게 그저 감사할 뿐이다.

뒷좌석에 앉은 딸, 차 속에서 아내와 딸이 나누는 대화는 평범한 사람들의 일상에서 일어나는 대화들이다. 딸에게 스마트폰 사용 중 답답했던 점을 물으면 속 시원하게 해결해 준다. 딸은 답답한 게 있으면 언제든 물어보라고 하지만, 아내는 근무 시간에 개인적인 것을 물어보는 것은 좋지 않다며 단호했다. 결혼했어도 딸은 여전히 어린아이 같기도, 듬직하게 보이기도 했다. 아내의 딸에 대한 사랑은 부드러우면서도 엄격하고 깊었다.

어린아이를 키우며 직장 생활하는 게 고단하고 속상할 때가 왜 없을까? 삶이란 게 양지만 있는 것도 아니고, 아무리 큰 강물도 굽이치는 물결이 있듯 어려움이 있을 터인데, 딸은 우리에게 걱정스러운 이야기는 티끌만큼도 하지 않고 좋은 모습만 보여주었다.

아내가 아이를 키우며 출퇴근하는 게 힘들지 않으냐고 물으면, 딸은 "엄마가 나랑 동생 키울 때를 생각하면 호강하는 거나 다름없어요. 이렇게 퇴근시켜 주는 걸 직원들이 알고 무척 부러워해요"라고 말했다. 아내가 둘째를 임신하고 출퇴근하던 당시 상황은 지금보다 훨씬 열악했었다. 지하철 노선이 닿지 않아 세 번씩

버스를 갈아타야 했다. 용산구청 앞에서 환승한 버스는 항상 만원이었다. 버스에서 내려 학교까지 걸어갈 땐 구토를 참기가 어려웠고, 집에 오면 파김치가 되었다. 하루빨리 학교 근처로 이사하고 싶었으나 형편이 녹록지 않았던 시절을 딸은 알고 있었다.

퇴근길이 항상 예상대로만 흐르지는 않았다. 퇴근길을 선택하는 것은 교통 상황에 따라 달라졌고, 조금이라도 편안하게 퇴근시키려 했던 것이, 오히려 딸을 고생시키는 날도 있었다. 차량 정체가 매우 심한 어느 날은 정체가 풀리지 않아 인근 지하철역에서 내려주기도 했다. 또 어느 날은 차 계기판에 붉은 경고등이 들어오더니 순식간에 경고등이 다섯 개나 켜져 결국 레커차의 도움을 받아야 했다.

아내는 딸과 함께 갈 때 운전 습관에 대한 잔소리를 많이 한다. 차선을 자주 바꾸지 말라, 노란 신호에서는 무조건 정지하라, 우회전할 때 조심하라는 식이다. 이럴 때 딸에게 의견을 물으면 딸은 항상 엄마 편이다. 아내와 내 의견이 일치하지 않을 때는 딸은 "아빠와 엄마가 둘이 해결하세요"라며 철저히 중립을 지킨다.

어느 날 딸이 말했다.

"아빠랑 엄마가 빈둥지 증후군에 시달릴까 봐 걱정했는데, 다행이에요"란다.

빈둥지 증후군이라는 말을 처음 들었다.

딸을 퇴근시키고 돌아오는 길은, 오늘 하루의 삶에 작은 의미를 하나 더한 것 같았다. 평범한 사람의 작은 행복이다. 얼마 있으면 둘째 외손자 산달이다.

G1~G4 사진을 보며

 왜, 이 사진만 이곳에 있을까? 아버지 계신 본가 유선 전화기 옆, 앉은뱅이책상 위에 손바닥만 한 컬러 사진이 하나 있다. 이 사진이 거기에 오랫동안 있는 이유를 짐작만 할 뿐이다. 10년 전, G1인 아버지, G2인 나, G3인 아들, G4인 손자와 함께 G4의 돌상을 앞에 놓고 찍은 사진이다. 사진은 내가 G4를 안고 맨 왼쪽에, 그 옆에 G1이 서 있고, 맨 오른쪽에는 G3인 아들이 자리하고 있다. G1은 분홍색 넥타이를 매고, G4는 색동 한복에 복건을 쓰고 있다. G4의 돌상은 G3 때와 비교하면 한층 풍성해 보인다. 사진은 86년이란 시간적 공간을 담고 있다. 나는 이 사진을 'G1~G4 사진'이라고 부른다.
 이 사진을 볼 때마다, '아버지 곁에 어머니가 계셨다면 어땠을까?' 하는 생각을 하곤 한다. 어머니가 허리통증으로 고생하며 힘들다고 하셨을 때마다, 아내는 어머니께 "손주들이 결혼할 때까지만이라도 더 계셔야 해요"라고 말씀드리곤 했었다. 어머니는 "그건 꿈같은 이야기야"라며 그 말을 지키려 하셨던 건지, 아들이 21살 때, 손자가 태어나기 9년 전 우리 곁을 떠나셨다. 어머니가 돌아가시고 아버지는 입주 도우미의 도움을 받았지만, 채울 수 없는 빈자리는 늘 존재했다. 이제는 도우미도 없이 혼자 계시니, 그 빈자리는 나날이 커져만 간다.

사진은 그날을 생생히 기억하고 있다. 돌잔치는 P 호텔에서 G3의 요청에 따라 제한된 인원만 초청했다. 행사 순서에 따라 아버지는 증손자에게 돌 반지를 끼워주기 위해 앞으로 나오셨다. 아버지의 삶이 담긴, 손마디가 굽은 투박한 손과 손자의 고사리 같은 작은 손은 불빛 아래 큰 대조를 이루었다. 아버지는 반지를 끼우는 게 서툴러 여러 번 시도해야 했고, 손자는 겁이 났는지 낯설어서인지 얼굴이 빨개지도록 울어대었다. 반지를 끼우고 난 뒤에야 본인이 주인공임을 깨달았는지 손자는 언제 울었냐는 듯 날갯짓을 하며 맑게 웃었다. 비록 내가 접촉한 촉감은 아니지만 아버지를 통해 핏줄이라는 동질감을 강하게 느꼈던 순간이었다.

그 후 10년이 흘렀다. G1, G2, G3, G4 모두 많은 변화를 겪었다. 코로나라는 역병도 무사히 넘겼다. 손자는 어엿한 초등학교 4학년이 되었고, 아들은 개인 사업가로 변신해 불혹의 나이에 접어들었다. 나도 지공 선사 반열에 들며 칠순을 맞이해, 열정적인 시간을 뒤로하고 있다. 아버지는 구부정한 모습이 되어 지팡이가 손에서 떠나지 않으신다. 마음은 좁아지셨고, 기억력도 많이 약해지셨다. 시간은 G1부터 G4까지 모두에게 동일하게 흐르고 있지만, 아버지에게 있어 이 시간의 의미는 누구보다 다를 것이다.

  손자는 아버지를 왕 할아버지라 부른다. 언젠가 설날에 세배드린 뒤 왕 할아버지 품에 안겨 재롱을 부리는 손자의 모습 뒤로, 예전에는 볼 수 없던 아버지의 밝은 표정을 보았다. 피는 물보다 진하다는 말이 실감 났다. 본가에서 나올 때 손자는 아버지를 꼭 껴안아 드리곤 한다. 내가 아버지께 안부 전화를 드릴 때면 손자는 옆에서 듣다가 자신도 왕 할아버지와 통화하겠다고 나서더니, 요즈음은 전화하기를 망설인다. 이유는 왕 할아버지가 똑같은 말만 반복한다고 해서다. 그 눈높이에 맞지 않는 훈계조의 이야기일 것이다. 손자도 이제 어린아이는 아니지만, 아버지에게는 여전히 어린 증손자일 뿐이다.

  지난해 어느 날 손자와 본가에 갔을 때, 손자가 아버지에게 안기며 "왕 할아버지 100세 잔치는 제가 해드릴 테니 건강하세요"라고 했다. 누가 시키지도 않았는데? 가슴이 찡했다. 아버지는 그 말이 매우 흐뭇하셨던지, 그 후 나에게 몇 번이고 그 이야길 하셨다. 아버지는 앞으로의 삶의 의미는 증손자에게 100세 잔치를 받는 것이라는 말까지 하시며, 틈만 나면 걷고 운동하고 주간보호시

설에 나가신다. 2년 남았다. 아버지의 불씨는 서서히 사그라들고 있다지만 얼마든지 가능한 일일 것이다. D 신문에 '미국 군인으로 1차 세계대전에 참전했던 마지막 분의 장례식에 미국 대통령이 참석했다'는 기사가 있었다. 어렴풋이 아버지와 6.25 전쟁을 연계시켜 보고, 아버지가 마지막 분이면 좋겠다는 말을 전했더니 내심 좋아하셨던 아버지였다.

얼마 전, 아버지는 안마당에서 넘어져서 일주일간 입원했다가 퇴원하셨다. 주간보호센터에 다니시는 것도 힘드신지 요양원으로 가시길 원하셨다. 오늘 아침에는 네 엄마 곁으로 빨리 가고 싶다고 하신다. G1~G4 사진도 얼마나 저곳에 있을지? 밖에는 장맛비가 세차게 내리고 있다.

· 뜬금없는 생각 ·

초등학교 5학년인 손자.
손자며느리를 볼 수 있을까?

증손자를 볼 수 있을까?

151살의 여행

초판 1쇄 발행 2025. 3. 26.

지은이 박율규
펴낸이 김병호
펴낸곳 주식회사 바른북스

편집진행 김재영
디자인 김효나

등록 2019년 4월 3일 제2019-000040호
주소 서울시 성동구 연무장5길 9-16, 301호 (성수동2가, 블루스톤타워)
대표전화 070-7857-9719 | **경영지원** 02-3409-9719 | **팩스** 070-7610-9820

•바른북스는 여러분의 다양한 아이디어와 원고 투고를 설레는 마음으로 기다리고 있습니다.
이메일 barunbooks21@naver.com | **원고투고** barunbooks21@naver.com
홈페이지 www.barunbooks.com | **공식 블로그** blog.naver.com/barunbooks7
공식 포스트 post.naver.com/barunbooks7 | **페이스북** facebook.com/barunbooks7

ⓒ 박율규, 2025
ISBN 979-11-7263-278-6 03810

•파본이나 잘못된 책은 구입하신 곳에서 교환해드립니다.
•이 책은 저작권법에 따라 보호를 받는 저작물이므로 무단전재 및 복제를 금지하며,
 이 책 내용의 전부 및 일부를 이용하려면 반드시 저작권자와 도서출판 바른북스의 서면동의를 받아야 합니다.